本书由2019年度教育部高校示范马克思主义学院和优秀教学科研团队建设项目资助出版(项目批准号:19JDSZK102)

尊法学法守法用法
重难点分析与实践教学

朱　佳◎编著

上海财经大学出版社

图书在版编目(CIP)数据

尊法学法守法用法重难点分析与实践教学/朱佳编著．—上海：上海财经大学出版社，2020.8
ISBN 978-7-5642-3318-1/F·3318

Ⅰ.①尊…　Ⅱ.①朱…　Ⅲ.①法律-中国-教学参考资料
Ⅳ.①D92

中国版本图书馆CIP数据核字(2020)第136149号

□ 责任编辑　李志浩
□ 封面设计　张克瑶

尊法学法守法用法重难点分析与实践教学
朱　佳　编著

上海财经大学出版社出版发行
(上海市中山北一路369号　邮编200083)
网　　址：http://www.sufep.com
电子邮箱：webmaster@sufep.com
全国新华书店经销
江苏凤凰数码印务有限公司印刷装订
2020年8月第1版　2020年8月第1次印刷

710mm×1000mm　1/16　11.25印张(插页：2)　156千字
定价：42.00元

前 言

《尊法学法守法用法重难点分析与实践教学》是教育部示范优秀教学科研团队建设项目一般选题（高职高专院校全面依法治国教学研究——以《思想道德修养与法律基础》课为例）的阶段性成果。中国特色社会主义法治应该符合中国的体制机制，适合中国的国情，在法治教育上要讲好中国的法治故事，突出法治教育的重点、难点和特色。

本书结合作者多年的教学积累与思考，以党的十八届四中全会以来党中央制定的全面依法治国文件为指导，以近年来司法实践中的案例作为素材编著而成。习近平总书记指出，没有正确的法治理论引领，就不可能有正确的法治实践。本书在编撰过程中，强调社会主义法的本质，通过社会主义核心价值观在司法实践中的运用，具体阐释社会主义法律的本质与法治的实践途径；强调社会主义法治道路，道路是核心，党的领导为法治道路提供了有力的指引和保证，是社会主义制度最本质特征；强调法律体系与法治体系的区别；强调党内法规历史沿革，及其与法律规范之间的联系区别；明确中国特色社会主义法学的实践路径，确立良法善治的法治治理。

高校法治教育应该坚持传授法律知识与传播法治理念的有机结合，了解法治建设的内在机理，全面增强法治意识。本书注重培养社会主义法治精神，引导高职高专学生树立正确的法治观，提升学生法治素养，就权力制约、司法公正、法律与权利义务、法律至上等问题从司法角度做深入的探讨。同时，回应大学生法治困惑，对如何确立法治信仰、言论自由的限度、法不责众与全民守法等相关问题做了解答。本书结合教学实践，为模拟法庭、庭审进校园、以发挥学生主观能动性为导向的法治实践教学提供了相应操作指南与模板。

本书可以与《尊法学法守法用法四十五讲》配套使用，作为高职高专师生的课外参考书；也可以单独使用，作为基础法律知识的入门读本。当然，在本书的编写过程中，由于作者的水平有限，时间仓促，书中错误漏洞在所难免，恳请专家及同行批评指正。

朱 佳

2020 年 7 月 22 日

目 录

实践篇

重点篇

中国特色社会主义法律体系

一、中国特色社会主义法律体系的形成

中国特色社会主义法律体系的形成，共分为开启民主法制阶段、建立社会主义市场经济法律体系阶段和形成中国特色社会主义法治体系三个阶段。

（一）开启民主法制建设

1978年12月22日，党的十一届三中全会提出，为了保障人民民主，必须加强社会主义法制，使民主制度化、法律化，使这种制度和法律具有稳定性、连续性和极大的权威，做到有法可依、有法必依、执法必严、违法必究。从现在起，应当把立法工作摆到全国人民代表大会及其常务委员会的重要议程上来。宪法规定的公民权利，必须坚决保障，任何人不得侵犯。要保证人民在自己的法律面前人人平等，不允许任何人有超越法律之上的特权。自此，我国开启了探索和加强社会主义民主法制建设道路，逐步提出并形成中国特色社会主义法律体系。

（二）建立社会主义市场经济法律体系

从1978年年底至1997年9月党的十五大召开。这一期间主要强调三

个重要方面的内容。

第一，强调加强民主法制建设，初步提出法律体系问题。1978 年年底以后，党和国家在强调加强社会主义民主法制建设时，初步提出法律体系的问题，强调民主与法制相结合。鉴于当时法律数量不多，提出国家要加快立法步伐，集中力量制定刑法、民法、诉讼法和其他各种必要的法律。1979 年《刑法》、1982 年《宪法》和 1984 年《民法通则》，为中国特色社会主义法制建设打下了基础。1982 年 9 月，彭真在全国经济法制工作经验交流会上首次提出“法的体系”这一概念，同年 12 月，全国人大常委会提出：“立法要从我国的实际情况出发，按照社会主义法制原则，逐步建立有中国特色的独立的法律体系。”

第二，建立比较完备的经济法规体系。为适应改革尤其是经济体制改革的需要，1984 年 10 月，党的十二届三中全会提出要加快以城市为重点的经济体制改革的步伐，建立具有中国特色的充满生机和活力的社会主义经济体制。社会主义的国家机构必须通过计划和经济的、行政的、法律的手段对企业进行必要的管理、检查、指导和调节。1985 年 9 月 23 日，党中央提出：“必须十分重视经济立法和经济司法工作……力争‘七五’期间建立起比较完备的经济法规体系，逐步使各项经济活动都能有法可依，并且真正做到有法必依、执法必严。”这一时期，制定了《全民所有制工业企业法》《企业破产法》《中外合作经营企业法》《外资企业法》等规范市场主体行为的法律规范。

第三，实行社会主义市场经济，建立社会主义市场经济法律体系。1992 年，党和国家提出要建立社会主义市场经济法律体系。1992 年 10 月，党的十四大报告提出：“加强立法工作，特别是抓紧制订与完善保障改革开放、加强宏观经济管理、规范微观经济行为的法律和法规，这是建立社会主义市场经济体制的迫切要求。”1993 年 3 月 29 日，八届全国人大一次会议通过的《宪法修正案》规定：“国家实行社会主义市场经济。”1993 年 11 月 14 日，党中央指出，要“遵循宪法规定的原则，加快经济立法，进一步完善民商法律、刑事法律、有关国家机构和行政管理方面的法律，本世纪末初步建立适应社会主义市场经济体制的法律体系”。从1993年3月到1998年2月，八届全国人大及其常委会通过了40多部有关市场经济的法律，如《公司法》《票据法》《保险法》等，初步建立社会主义市场经济的法律体系，到1996年底1997年初，社会主义市场经济法律体系框架已初具规模。

（三）实行依法治国方略，形成中国特色社会主义法律体系

这一阶段从1996年起直到现在。1996年2月8日，江泽民同志在中共中央举办的法制讲座上讲话时明确提出“实行和坚持依法治国”，这是我们党首次提出这一治国理政方式。1997年9月，党的十五大报告提出要进一步扩大社会主义民主，健全社会主义法制，依法治国，建设社会主义法治国家。发展民主必须同健全法制紧密结合，实行依法治国。“加强立法工作，提高立法质量，到二〇一〇年形成有中国特色社会主义法律体系。”这是党中央第一次正式提出要形成“有中国特色社会主义法律体系”。1999年，九届全国人大二次会议通过的宪法修正案，正式将“中华人民共和国实行依法治国，建设社会主义法治国家”载入宪法。

2000年3月，九届全国人大三次会议通过的《立法法》、2001年国务院发布的《行政法规制定程序条例》《规则制定程序条例》进一步推动了依法行政、依法治国进程。为了履行加入世界贸易组织的承诺，我国大规模开展法律法规清理修订工作，中央政府清理法律法规和部门规章2 300多件，地方政府清理地方性政策和法规19万多件，全国人大及其常委会还及时修改了中外合资企业法、中外合作企业法、外资企业法、多个与知识产权有关的法律、海关法、保险法等，进一步完善了我国扩大对外开放的法律环境。

2002年，党的十六大报告提出：“……适应社会主义市场经济发展、社会全面进步和加入世贸组织的新形势，加强立法工作，提高立法质量，到二〇一〇年形成中国特色社会主义法律体系。”2003年3月10日，李鹏同志指出：“在前几届工作的基础上，经过不懈努力，构成中国特色社会主义法律体

系的各个法律部门已经齐全，每个法律部门中主要的法律已经基本制定出来，加上国务院制定的行政法规和地方人大制定的地方性法规，以宪法为核心的中国特色社会主义法律体系已经初步形成。”

2003 年 10 月，党中央提出要“按照依法治国的基本方略，着眼于确立制度、规范权责、保障权益，加强经济立法”，并提出要完善市场主体和中介组织、产权、市场交易、预算、税收、金融和投资、劳动、就业和社会保障、社会领域和可持续发展等方面的法律制度。

2004 年 9 月 15 日，胡锦涛同志在首都各界纪念全国人民代表大会成立 50 周年大会上讲话时说，改革开放以来，全国人大制定了现行宪法和 4 个宪法修正案，全国人大及其常委会制定了 200 多件现行有效的法律，国务院制定了 650 多件现行有效的行政法规，地方人民代表大会及其常务委员会制定了 7 500 多件现行有效的地方性法规，民族自治地方的人民代表大会制定了 600 多件自治条例和单行条例，以宪法为核心的中国特色社会主义法律体系初步形成，有力地推动和保障了改革开放和社会主义现代化建设的顺利进行。

2006 年 10 月 11 日，党中央提出要完善法律制度，夯实社会和谐的法治基础，坚持科学立法、民主立法，完善发展民主政治、保障公民权利、推进社会事业、健全社会保障、规范社会组织、加强社会管理等方面的法律法规。2007 年 10 月，党的十七大报告提出，中国特色社会主义法律体系基本形成。

2011 年 3 月 14 日，第十一届全国人民代表大会宣布：以宪法为统帅，以宪法相关法、民法商法等多个法律部门的法律为主干，由法律、行政法规、地方性法规等多个层次的法律规范构成的中国特色社会主义法律体系已经形成，国家经济建设、政治建设、文化建设、社会建设以及生态文明建设的各个方面实现有法可依，党的十五大提出到 2010 年形成中国特色社会主义法律体系的立法工作目标如期完成。

党的十七大报告指出，“中国特色社会主义法律体系基本形成，依法治国基本方略切实贯彻”，提出“依法治国是社会主义民主政治的基本要求，要坚持科学立法、民主立法，完善中国特色社会主义法律体系”；党的十八大报告强调，要完善中国特色社会主义法律体系，加强重点领域立法，拓展人民有序参与立法途径；党的十九大报告提出完善以宪法为核心的中国特色社会主义法律体系，建设中国特色社会主义法治体系。

二、中国特色社会主义法律体系内容

（一）宪法：规范国家生活的根本大法

宪法是国家的根本大法，是我国社会主义法律体系的核心和基础，规定了公权力行使的边界。新中国成立以来，一共制定过 4 部宪法，分别是 1954 年宪法、1975 年宪法、1978 年宪法和现行的 1982 年宪法。现行宪法包括了序言、总纲、公民的基本权利和义务、国家机构以及国旗、国歌、国徽、首都五个部分，是建设中国特色社会主义的根本法制保障。1954 年宪法在公民权利的规定上具有开创性，设置了“公民的基本权利和义务”专章。由于时代原因，1975 年宪法和 1978 年宪法中公民权利条款大大减少。1982 年宪法重新将“公民的基本权利和义务”设为专章，公民权利从此有了切实保障。现行宪法先后历经了 1988 年、1993 年、1999 年、2004 年、2018 年 5 次修订，对我国产生了深远的影响。

1988 年，私营经济入宪。修正案增加了“国家允许私营经济在法律规定的范围内存在和发展”的规定，这意味着除了国有和集体两种经济形态外，国家开始肯定私营经济的存在和发展，从肯定私营经济到公有制经济和非公有制经济是社会主义经济的重要组成部分历经 11 年。

1993 年，确立家庭联产承包责任制。修正案将“家庭联产承包为主的责任制”取代“人民公社”，“社会主义市场经济”取代“计划经济”，加大了对经济权利的保护，农民土地经营权进一步放开。

1999 年，“法治”成为国家意志。修正案增加了“依法治国”。

2004 年，人权入宪。宪法修正案“人权入宪”成为最大亮点。国家尊重和保障人权、保护公民合法的私有财产权和继承权等内容，被写入宪法。

2018 年，确立社会主义最本质特征。宪法修正案将中国共产党领导是社会主义最本质的特征、社会主义核心价值观写入宪法。

宪法相关法是与宪法相配套、直接保障宪法实施和国家政权运作等方面的法律规范，主要包括国家机构的产生、组织、职权和基本工作原则方面的法律，民族区域自治制度、特别行政区制度、基层群众自治制度方面的法律，维护国家主权、领土完整、国家安全、国家标志象征方面的法律，保障公民基本政治权利方面的法律。

（二）行政法：助推法治政府建设

行政法是仅次于宪法的法律部门，是调整国家行政管理的各种法律规范的总和，包括行政组织人员法、行政行为和行政程序法、行政监督救济法，行政法旨在推动法治政府、服务政府的建设。

行政组织人员法主要解决“谁来做事的问题”，主要有国务院组织法、地方组织法、公务员法、人民警察法、检察官法、法官法等，为公务员队伍建设提供了有力的保障。行政行为法和行政程序法主要解决“如何做事的问题”。比如，治理乱收费、乱罚款、乱摊派“三乱”现象，就由行政处罚法、行政许可法等法律规范。行政监督救济法主要解决“不做错事、做错事怎么办的问题”。如行政监察法、审计法、行政诉讼法、行政复议法、国家赔偿法。

在立法中，行政法贯彻了“授权”和“控权”指导思想。所谓“授权”，是指行政机关的权力来源于人民，权力机关通过法律授权给行政机关，行政机关不能自己给自己设定权力，即权由法定；所谓“控权”，是指通过行政程序法和行政监督法，依法控制权力的运行，监督权力的合法性、合理性，防止权力滥用。

（三）民法商法：最大限度保障私权利

民法商法是调整平等民事主体之间的财产关系和人身关系的法律，是民法和商法的合称，前者在我国目前主要有民法通则、民法总则、物权法、合同法、侵权责任法、婚姻法等(2021 年 1 月 1 日起，《民法典》施行，以上法律均届时废止)，后者主要有公司法、证券法、保险法、海商法、票据法等。

物权法让有恒产者有恒心，是确定财产归属的最重要法律。从 2002 年到 2007 年，从一审到八审，创下了我国人大立法史上单部法律审议次数最多的纪录，成为我国历史上科学立法、民主立法的典范。

合同法彰显平等自由，是规范财产流转的基础性法律。市场经济以自由交易为基本内容，而合同就是这种自由交易的基本法律形式。

证券法是资本市场发展的“根本大法”，是资本市场法制建设的里程碑，它对中国资本市场和金融业的持续健康发展，乃至中国经济体制的改革，都具有重要意义和深远影响。

(四)经济法:为经济发展保驾护航

在市场经济条件下，经济法是一个国家必需的基本法律部门。我国实行社会主义市场经济体制，政府对经济生活进行有效的引导、调节和控制，主要形成了宏观调控法和市场规制法两大法律体系，着重解决宏观调控和市场监管领域的问题。在宏观调控法领域，包括了财税法领域的《预算法》《企业所得税法》等;在金融法领域包括了银行法、证券法、保险法、信托法等;在市场规制法领域，《反垄断法》《反不正当竞争法》等起到保障市场经济秩序的作用。在经济立法领域，注重协调兼顾不同利益。重视经济政策的法律化，通常，经济政策对经济活动的调节更加直接，更能够解决应急性的问题;凡是经过实践检验，证明是行之有效的重要经济政策，就可以考虑将其法律化，使之成为经济法的重要内容;立足中国国情，兼顾不同主体的利益。注意从国情出发，兼顾和协调各类主体的不同利益;开门立法，体现共识。对于经济法应有的基本原理和基本制度，不管是东方国家还是西方国家，只要搞市场经济，都要有基本的经济法原理和经济法规则，这些共识是立法的重要基础。

(五)社会法:关注弱势保障民生

社会法是指通过明确国家、单位和个人的责任和权利,在富裕者和贫困者之间、健康者和病残者之间、在职者和失业者之间、工作者和退休者等之间建立一种互助机制,有利于更合理地分配财富,弥补初次分配中的不足之处,使社会更加公平。[①] 它全面涉及公民社会权益,尤其注重保障弱者的权益,是与民生密切相关的法律部门。

我国社会法框架涵盖四个部分:一是劳动就业方面的法律,如劳动法、劳动合同法、劳动争议调解仲裁法、安全生产法、职业病防治法、矿山安全法、就业促进法等,它规范着劳动关系,维护着劳动者的就业及相关权益;二是社会保障方面的法律,如已经制定的公益事业捐赠法、社会保险法和将要制定的社会救助法、社会福利法、慈善事业法、军人保险法、住房保障法、义务教育法等等,它维护的是公民的社会权益;三是社会组织方面的法律,如已经制定的工会法、红十字法和将要制定的一般社会组织法等;四是其他社会法律,如老年人权益保障法、妇女权益保障法、残疾人保障法、未成年人保护法、预防未成年人犯罪法、归侨侨眷权益保护法等。

(六)刑法:从全面修订到十次修正

刑法是规范犯罪、刑事责任和刑事处罚的法律规范的总和,它包括:刑法、刑法的10个修正案,以及关于惩治骗购外汇、逃汇和非法买卖外汇犯罪的决定等。

1949年中华人民共和国成立之后,没有立即颁布法典,而是以专门刑法、附属刑法的方式颁布了刑法规范,从1955年才开始筹备制定刑法典。1979年新中国第一部刑法典由五届全国人大二次会议通过,标志着我国刑法体系的初步形成。此后,以1979年刑法为基础,吸收1981年到1997年间

---

① 宋伟:《社会法——关注弱势保障民生》,人民网,2011年2月9日。

全国人大常委会先后通过的 25 部单行刑法和大量附属刑法规范，八届全国人大五次会议于 1997 年 3 月 14 日通过了全面修订的新刑法典，确立了罪刑法定、罪责刑相统一和刑法面前人人平等三项基本原则，在我国刑法体系发展历程中具有里程碑意义。自 1997 年至今，刑法体系进入到发展、完善阶段。为适应我国转型期的社会发展需要，全国人大常委会先后颁布 10 个刑法修正案，很好地兼顾了修法的及时性、科学性和刑法典的统一性，打击了新型刑事犯罪，满足了社会发展需求，标志着我国刑法修法模式的日趋成熟。

(七)程序法:衡量法治程度的重要标尺

程序法包括了诉讼法与非诉讼程序法，主要起到化解社会转型中的新矛盾，解决纠纷，实现对公民权利的救济的作用。程序法的完善与否，是衡量一个国家法治发达程度的重要标尺。程序法的本质是对公权力的约束与限制，程序法的实施状况体现了公民信仰法律的程度。程序法体系中的刑事诉讼法与行政诉讼法，更为明显地体现了程序法对公权力的约束，这两部法律的制定与修改，都体现了国家权力的分配、制衡、监督，也体现了公民权利对国家权力的监督与制约。

三、中国特色社会主义法律体系的意义

(一)中国特色社会主义法律体系是中国特色社会主义创新实践的法制体现

中国特色社会主义法律体系是中国特色社会主义创新实践的法制体现。改革开放是我们党带领全国各族人民做出的决定当代中国命运的关键抉择，也是坚持和发展中国特色社会主义、实现中华民族伟大复兴的必由之路，赋予社会主义新的生机活力。40 多年来，我们始终坚持以经济建设为中心，全面推进改革开放，成功实现了从高度集中的计划经济体制到充满活力

的社会主义市场经济体制、从封闭半封闭到全方位开放的伟大历史转折，极大地调动了亿万人民的积极性，极大地解放和发展了社会生产力，我国以世界上少有的速度持续快速向前发展。

在此过程中，及时把改革开放和社会主义现代化建设的实践经验上升为法律，并与时俱进，根据改革开放中出现的新情况新问题，从推动经济发展方式转变，推动依法行政和公正司法，推动以保障和改善民生为重点的社会建设，推动社会主义文化大发展大繁荣，推动人与自然和谐相处等方面制定和完善相应的法律制度，充分发挥法律的规范、引导、保障和促进作用。

中国特色社会主义法律体系的形成，从制度上、法律上保障国家始终坚持改革开放的正确方向，着力构建充满活力、富有效率、更加开放、有利于科学发展的体制机制，推动我国社会主义制度不断自我完善和发展。

(二)从中华法系到中国特色社会主义法律体系，实现法治强国梦

在世界法制史的历史上，曾经出现过五大法系：中华法系、大陆法系、英美法系、伊斯兰法系、印度法系，其中中华法系就是以中国为代表，以《唐律疏议》为集大成，形成了远播日本、朝鲜等东南亚国家的法律体系。其上下渊源二千多年，从公元前 21 世纪的夏朝制定的“禹刑”、商朝的“汤刑”、春秋战国时期的《法经》、汉朝的《九朝律》再到《唐律疏议》《宋刑统》《大明律历》《大清律例》，形成了以中国为代表的律、令、格、式齐全的中华法系，也是古代世界法律文明的巅峰。从鸦片战争开始，直到清朝末年，西方列强用坚船利炮叩开了中国大门，同时强制输出西方法律制度和法律文化。历史证明，国运衰败的一个重要方面就是法制式微。没有强大的国家，就没有法律的立足之地。

法治兴则国家兴，法治衰则国家乱。重视法治，国泰民安；法治松弛，国乱民怨。中华人民共和国成立后，彻底废除六法全书，制定了具有临时宪法性质的“共同纲领”，逐渐形成特定领域的法律制度化、体系化，新中国的法制建设开始起步，到十一届三中全会，提出了发展社会主义民主、健全社会

主义法制的历史任务，确立了“有法可依、有法必依、执法必严、违法必究”的社会主义法制建设基本方针，开辟了走中国特色社会主义道路的法治目标。

法律体系的形成集中了全党和全国人民的智慧，是党的凝聚力和领导力的体现，是社会主义民主政治的价值取向和基本要求，从制度上、法律上解决了国家发展中带有根本性、全局性、稳定性和长期性的问题，为国家的发展和长治久安提供了法律保障；也是合理调整社会权力关系和利益关系，坚持权力与责任、权利与义务、公权力与私权利、私权利与私权利之间的和谐，为社会提供公平正义的制度和规则，建设和谐社会的内在要求。

(三)法律体系构建是一国政治体系的表达

第一，法律体系的完备程度是现代国家的一项重要制度指标。作为上层建筑，法律体系是一国制度的载体，反映着这个国家政治、经济和社会制度的发展状况以及完善程度。一般而言，制度成熟的国家，法律体系都比较完备。第二，法律体系是社会政治价值观的反映。国家制度的性质和社会公平与正义的制度化安排决定了法律体系的性质和内容，法律通过发挥自身功能，保护和促进国家的政治目标和社会公平与正义的实现，从制度上、法律上确保国家的政治价值取向和社会理想的实现。第三，法律体系是法律平衡发展的指标。通过比较不同国家法律体系，及本国法律体系中不同法律部门，发现各个法律部门发展的不平衡，进而针对性加强立法，弥补制度建设上的“短板”。

(四)形成了逻辑严谨的法律价值

社会主义法律体系分为七大部门，即宪法、宪法相关法、民商法、行政法、经济法、社会法、刑法、程序法。宪法、宪法相关法、行政法、刑法是公法；民商法是私法；经济法是公法和私法的结合；社会法是一个独立的部门。在总的调整理念上，私法贯穿了私法自治原则，即法无禁止即为行；公法贯穿了权力制约的理念，即法无规定即为禁止。除此之外，不同的法律部门对应社会不同领域的法律秩序，有自己独特的理念和原则。宪法是法律体系的统帅和核心，是所有法律制度的权利来源，同时也规定了权力边界，可以说宪法是一切法律之源。宪法相关法调整国家政治关系。这一类法律在任何国家的法律体系中都居于重要地位，因为它集中体现国家的政治制度。宪法相关法的制定和完善，必须准确反映我国政治制度的本质。行政法是仅次于宪法的法律制度，解决权力主体、权力运行和权力监督的问题，通过权力由法定、有权必有责、用权受监督、违法受追究的"授权"和"控权"理论的平衡，有力地保障了国家行政权的有效运行。

民法商法是体现人民权益的宣言书，体现了最大限度保障私权利。民法确立了平等原则为核心的包括意思自治原则、公平原则、诚实信用原则、权利不得滥用原则和公序良俗原则，法律支持民事活动的主体秉承公平观念从事民事活动，以维护当事人的权利和利益平衡。商法除了遵循民法的一些基本原则之外，还有自己独特的原则，立法价值上更强调商事行为交易自由、便捷、安全、公平。

经济法是国家对经济活动进行管理、调控的法律规范，其主要是为了实现社会整体利益的最大化。经济法的理念，一是国家适度干预原则，二是维护社会公平原则。国家适度干预原则是指在尊重市场经济主体自主权的前提下，为了克服市场经济的盲目性和局限性，通过立法对市场进行适度干预。维护社会公平原则是指政府对经济活动的干预，达到政府调控权和经济主体之间的权利平衡，实现实体权利和资源配置的公正，排除政府行为的任意性和选择性。

社会法是调整劳动关系、社会保障和社会福利关系以及弱势群体保护的法律规范。社会法是介于私法和公法之间的一项独立的立法。如果说私法最大限度地关注不同主体之间的"意思自治"，那么，社会法则更多地考虑到各主体之间，尤其是个体和群体之间的实质上的差异，而通过立法、国家的有限介入，更多地考虑到了维护社会的实质公平。由于在社会法中权利主体地位存在事实上的不平等性，如个体与法人、组织等，他们在资源的占有、经济条件、社会地位之间会形成事实上的差异，因此，社会法更关注通过国家干预，通过法律确定的分配结构，保障社会弱势群体的权利，实现实质平等，因此社会法常常被称为“倾斜立法”。

刑法是有关犯罪与刑罚的法律规范。刑法是最严厉的部门法。刑法的功能包含两方面，其一，惩罚犯罪；其二，规范国家刑罚权。由于刑法是最严厉的法律，因此国家在规范犯罪及刑罚时要“谦和、抑制”，以“必要”为原则，由此产生了罪刑法定原则，法无明文规定不为罪，以及罪刑相适应原则。

程序法主要起到化解社会转型中的新矛盾，解决纠纷，实现对公民权利的救济的作用，是救济法。在制度的设计上注重与实体法相协调，注重公民整体全体的平衡。如民法商法贯穿平等原则，与此相对应的诉讼程序的设计中，举证责任关注了“谁主张谁举证”，体现了民事主体间的平等；而刑法和行政法则侧重于公权力的行使，公权力机关具有处罚权，那么相对于程序法而言，在制度的设计上更加注重限制公权力机关的权利，如在举证责任设计中，由公权力机关负责举证责任，从而达到双方当事人权利的平衡。

四、社会主义法律体系的未来发展

从 1978 年提出民法法制建设到党的十五大确立依法治国基本方略，再到 2011 年 3 月 14 日，第十一届全国人民代表大会宣布中国特色社会主义法律体系已经形成，构建中国特色社会主义法律体系完成了自 1978 年以来提出“有法可依、有法必依、执法必严、违法必究”的法制建设目标，实现了从建设社会主义市场经济法律体系到建设中国特色社会主义法律体系的目标，完成了法律建设的基本框架。党的十八大、十九大以来，对中国特色社会主义法治建设提出了更高的要求，也对中国特色社会主义法律体系建设向纵深发展提出了新任务。

第一，立法注重从数量型到质量型转变。应加强法律的清理和法律解释、修改、补充和废止工作，确保法律规范、法律原则、法律目的与法律价值的一致性。第二，注重法典化编撰。一个法律规范在不同的法律条文，或不同层级的法律条文之中，为减少法律规范的矛盾与冲突，通过法典化编撰统一裁判规则，有效避免法律规范之间的冲突，促进社会和谐发展。第三，注重加强法律实施。法律体系注重法律部门之间的架构与法律的数量，做到有法可依，那么，未来法治目标即以加强宪法法律实施法律的运行与发展，注重良法善治在国家治理体系中的积极作用转变。第四，从传统领域立法向新领域立法。为适应以信息科技、生物科技为主导的第四工业革命，特别是从互联网发展到数据平台、人工智能和物联网、生物药剂、转基因等基因工程的发展，传统领域的立法显然已经无法满足当代社会发展的需求。立法者未来更关注科技对社会的影响，对法律的形态和基本的规范手段，以及社会利益分配提出了挑战。

如何理解依法治国和以德治国相结合

——以公序良俗原则在司法中运用为例

十八届四中全会《中共中央关于全面推进依法治国若干重大问题的决定》提出，坚持依法治国和以德治国相结合。国家和社会治理需要法律和道德共同发挥作用。必须坚持一手抓法治、一手抓德治，大力弘扬社会主义核心价值观，弘扬中华传统美德，培育社会公德、职业道德、家庭美德、个人品德，既重视发挥法律的规范作用，又重视发挥道德的教化作用，以法治体现道德理念、强化法律对道德建设的促进作用，以道德滋养法治精神、强化道德对法治文化的支撑作用，实现法律和道德相辅相成、法治和德治相得益彰。如何理解德治和法治的相互作用，道德在立法、司法、执法过程中如何体现，以下就“公序良俗”原则在立法、司法中的运用做一阐述。

一、公序良俗原则概述

公序良俗是指要求自然人、法人和非法人组织在从事法律活动时，不得违反各种法律的强制性规定，不违背公共秩序和善良习俗。它包含了公共秩序和善良风俗两方面，公共秩序是指国家社会的存在及其发展所必需的一般秩序，如个人之言论、出版、信仰、营业之自由，以至私有财产、继承制度。善良风俗是指国家社会的存在及其发展所必需的一般道德，是由全体社会成员所普遍认可、遵循的道德准则。①

公序良俗原则不仅中国立法上有规定，在大多数国家和地区的民法中也有规定。如《法国民法典》第 6 条规定“不得以特别约定违反有关公共秩序和善良风俗”，以及第 1135 条规定“如原因为法律所禁止，或原因违反善良风俗或公共秩序时，此种原因为不法原因”；《德国民法典》第 826 条规定“违反善良风俗的方法对他人故意施加损害的人，对受害人负有赔偿损害的义务”；《日本民法典》第 90 条规定“以违反公共秩序或善良风俗和事项为标的的法律行为，为无效”。②《荷兰民法典》第三编第 40 条第 1、2 款规定，内容或应有含义违反善良风俗或公共秩序的法律行为无效，违反强制性法律规定的法律行为无效。③

二、“公序良俗”原则在法律、司法解释中的体现

公序良俗原则是对意思自治的必要限度。意思自治是私法领域中的核心，但是意思自治又具有不确定性和任意性，法律一方面要最大限度地允许行为人的意思自治；又要维护社会的基本的生产、生活秩序，需要维护国家的基本价值追求。公序良俗原则就是为弥补强行性和禁止性规定之不足，以禁止现行法上未做禁止规定的事项而产生，其作用在于限制私法自治原则，具有与私法自治原则相匹敌的强行法性格。④

我国在立法中最早使用“公序良俗”法律概念的，是《全国人大常委会关于〈中华人民共和国民法通则〉第九十九条第一款、〈中华人民共和国婚姻法〉第二十二条的解释》中规定的公民“姓名权涉及公序良俗”（参见“北雁云依”诉济南市公安局历下区分局燕山派出所公安行政登记案）。2017 年《民

① 王利明：《民法总论研究》，中国人民大学出版社 2012 年版。

② 龙卫球：《准确把握“禁止违反法律和公序良俗”原则》，正义网－检察日报，2017 年 3 月 28 日。

③ 王洪平：《论“国家政策”之法源地位的民法典选择》，《烟台大学学报》（哲学社会科学版），2016 年第 4 期。

④ 梁慧星：《市场经济与公序良俗原则》，载《民商法论丛》第 1 卷，法律出版社 1994 年版。

法总则》第八条正式使用了“公序良俗”概念。这里需要指出的是，尽管“公序良俗”概念使用比较晚，但是含有“公序良俗”的意思表述可以追溯至1986年《民法通则》第七条规定：“民事活动应当尊重社会公德，不得损害社会公共利益，破坏国家经济计划，扰乱社会经济秩序。”公序良俗与社会公德紧密联系在一起。

(一)法律

当前，立法中采用“公序良俗”的概念体现在以下三部法律文件中。

《民法总则》(《民法典》)第八条规定，民事主体从事民事活动，不得违反法律，不得违背公序良俗；第十条规定，处理民事纠纷，应当依照法律；法律没有规定的，可以适用习惯，但是不得违背公序良俗。这两条条款列于民法总则的“第一章　基本规定”部分，具有与公平正义原则、诚实信用原则等同等地位，在民法总则中起到指导性作用，具有统领性和原则性。

此外，《民法总则》(《民法典》)“法律行为”中，亦有具体体现。第一百四十三条规定，具备下列条件的民事法律行为有效：……(三)不违反法律、行政法规的强制性规定，不违背公序良俗。第一百五十三条规定，……违背公序良俗的民事法律行为无效。也就是说，公民在行使民事权利过程中，不能违背公序良俗，如果违背了，该行为无效。

《民法典》第九百七十五条无因管理例外情形，管理事务不符合受益人真实意思的，管理人不享有前款规定的权利；但是，受益人的真实意思违反法律或者违背公序良俗的除外。第一千零一十二条、第一千零一十五条姓名权和名称权，吸收了全国人民代表大会常务委员会关于《中华人民共和国民法通则》第九十九条第一款、《中华人民共和国婚姻法》第二十二条的解释，特别强调了姓名权不能违背公序良俗。公民原则上应当随父姓或者母姓。有下列情形之一的，可以在父姓和母姓之外选取姓氏：(一)选取其他直系长辈血亲的姓氏；(二)因由法定扶养人以外的人扶养而选取扶养人姓氏；(三)有不违反公序良俗的其他正当理由。自然人享有姓名权，有权依法决定、使用、变更或者许可他人使用自己的姓名，但是不得违背公序良俗。以及第一千零二十六条关于名誉权侵权，认定行为人是否尽到前条第二项规定的合理核实义务，应当考虑下列因素：……（四）内容与公序良俗的关联性，这是本次民法典新增内容。

此外，类似于以“不能违背社会公德”为内容的“公序良俗”的表述，涵盖了《公共图书馆法》《合同法》《收养法》《保险法》《合伙企业法》《公务员法》《旅游法》等87部法律之多，涵盖面不仅是民事法律，还包括了行政法律、经济法律等，以及在刑事法律中也有隐含公序良俗原则的运用，如李力军收购玉米案。

（二）司法解释中关于公序良俗的规定

司法解释中关于公序良俗的规定，主要体现在以下几部法律文件中：(1)最高人民法院关于公证债权文书执行若干问题的规定，法释〔2018〕18号；(2)最高人民法院关于审理民间借贷案件适用法律若干问题的规定，法释〔2015〕18号；(3)最高人民法院关于适用《中华人民共和国民事诉讼法》的解释，法释〔2015〕5号；(4)最高人民法院关于审理劳动争议案件适用法律若干问题的解释(四)，法释〔2013〕4号；(5)最高人民法院关于人民调解协议司法确认程序的若干规定，法释〔2011〕5号。

三、“公序良俗”原则在司法中的运用

在立法上，公序良俗原则在民事领域运用比较常见。公序良俗原则作为兜底性条款出现，目的是弥补法律规定的不足。司法实践在考量是否违反公序良俗时，基于两点内容：其一，社会公共利益，是指政治、经济、文化等领域的基本秩序和根本理念，是与国家和社会整体利益相关的基础性原则、价值和秩序，在以往的民商事立法中被称为社会公共利益或公共政策。其二，善良风俗，是指基于社会主流道德观念形成的，为全体社会成员所普遍认可、遵循的习俗。善良风俗具有一定的地域性和时代性，可以让僵硬的法

律规则融入时代的道德判断，使法律与时俱进。[①] 在评判过程中，以个案评判为主，即由司法机关在个案中结合实际情况做出具体判断更为科学合理，其目的是实现个体利益与社会公共利益的平衡。

【案例呈现】

张学英诉蒋伦芳遗赠纠纷案（泸州二奶案）

（2001）纳溪民初字第 561 号

原告张学英诉称，其与被告蒋伦芳之夫黄永彬是朋友关系，黄永彬于 2001 年 4 月 18 日立下遗嘱，将自己价值约 60 000 元的财产在其死亡后遗赠给原告。该遗嘱于 2001 年 4 月 20 日经公证机关公证。2001 年 4 月 22 日遗赠人黄永彬因病死亡，遗嘱生效，但被告控制了全部财产，拒不给付原告受赠的财产。现请求法院判令被告给付原告接受遗赠约 60 000 元的财产，并承担本案诉讼费用。

被告蒋伦芳辩称，黄永彬所立遗嘱的内容侵犯了被告的合法权益，遗赠的抚恤金不属遗产范围，公积金和住房补贴金属夫妻共同财产，遗赠人黄永彬无权单独处理；遗赠涉及的售房款是不确定的财产，所涉及的条款应属无效。此外，遗赠人黄永彬生前与原告张学英长期非法同居，黄永彬所立遗赠属违反社会公德的无效遗赠行为。请求判决驳回原告的诉讼请求。

该案本是一起普通的遗赠纠纷，之所以备受关注在于原告的“特殊身份”。据法院查明，被告与遗赠人黄永彬系夫妻关系，而原告自 1996 年起就以“第三者”介入其家庭，黄永彬一直与原告在外租房居住，直至黄永彬患病。在黄永彬患病期间，由被告照顾。针对遗赠人黄永彬所立遗嘱，原被告进行了举证和质证，撇开对于这 60 000 元构成的认定，即哪些是属于遗赠人有权处分的财产，哪些是夫妻共同财产不论，就遗赠行为本身是否合法，则是本案最为关注的焦点。

按照《继承法》第五条规定，继承开始后，按照法定继承办理；有遗嘱的，按照遗嘱继承或者遗赠办理；有遗赠扶养协议的，按照协议办理。遗赠是遗嘱人用遗嘱的方式将个人财产的一部分或全部于死后赠给国家、集体或法定继承人以外的

① 申卫星：《民法基本原则：民法的“精神脊梁”》，《光明日报》，2017 年 5 月 2 日。

人的一种法律制度。从表面上看，原告符合受遗赠的对象，尽管遗赠人财产有一部分不属于遗赠人自由处分的财产，但是这不影响遗赠的成立。

但是本案的特殊性就在于，本案中受遗赠人，即原告是以“第三者”的身份获得遗赠的。首先，黄、张二人自1996年认识后，长期处于非法同居状态，其行为违反了《中华人民共和国婚姻法》第二条规定的一夫一妻的婚姻制度和第三条禁止有配偶者与他人同居以及第四条夫妻应当互相忠实、互相尊重的法律规定，是一种违法行为，这是违反社会公德的行为；其次，遗赠人黄永彬基于与原告张学英有非法同居关系而立下遗嘱，将其遗产和属被告所有的财产赠与原告张学英，是违反社会基本伦理道德的行为；再次，被告蒋伦芳忠实于夫妻感情，且在遗赠人黄永彬患肝癌病晚期住院直至去世期间，一直对其护理照顾，履行了夫妻扶助的义务，但最终其夫将财产（包括不该处分的夫妻共同财产）赠与给“非法同居人”，这是有违常理的，是对社会风气的破坏。因此，该案件的争议焦点是遗赠行为是法律行为，能否突破社会公德，法院通过裁判明确保护社会善良风气，维护社会的伦理道德秩序，判决驳回原告起诉。这起案例的意义在于法律是对现有社会利益的分配，行为本身不能违背社会基本的伦理道德、社会纲常，即便是合法行为，也不能突破公序良俗的基本原则规定。

【案例呈现】

北京康智乐思网络科技有限公司与国家知识产权局、厦门美柚股份有限公司商标权无效宣告请求行政纠纷案

（最高人民法院（2019）最高法行再240号行政判决书）

2013年10月17日，北京康智公司向商标局申请“大姨妈及图”的商标用于“电话会议服务；电子公告牌服务（通讯服务）；计算机辅助信息和图像传送；视频会议服务；数字文件传送；提供联网聊天；提供在线论坛；移动电话通讯”服务上，商标局于2015年1月28日核准注册。2016年9月7日，厦门美柚公司向商标评审委员会提出商标无效宣告申请。商标评审委员会于2017年8月28日做出商评字〔2017〕第105611号《关于第13379061号“大姨妈及图”商标无效宣告请求

裁定书》认定，支持诉争商标缺乏商标应有的显著特征，支持厦门美柚公司提出的无效申请理由之一，但是否认了厦门美柚公司提出的无效申请理由之二，即诉争商标的注册采取了欺骗或不正当手段，违反了诚实信用原则。

北京康智公司不服，诉至一审法院。法院认定，诉争商标由中文“大姨妈”及图形组成，汉字“大姨妈”是该商标的显著识别部分。诉争商标核定使用的服务为计算机编程等服务，以该服务相关公众的通常认识，诉争商标使用在计算机编程等服务上并未直接表示服务的功能、用途等特点，具有显著性。诉争商标图形部分由造型卡通化的女孩头像构成，该图形使用在核定使用的服务上具有显著性。据此，判令商标评审委员会重新做出裁定。

商标评审委员会不服上诉，二审认为，诉争商标的显著识别部分“大姨妈”虽具有指代女性月经的含义，但与其指定使用的电话会议服务、电子公告牌服务（通讯服务）、计算机辅助信息和图像传送、视频会议服务、数字文件传送、提供互联网聊天室、提供在线论坛、移动电话通讯等服务距离较远，并没有直接体现前述服务的内容、特点等。从前述服务相关公众的通常认识来看，诉争商标属于图文组合商标，能够起到识别服务来源的作用，亦不属于《商标法》第十一条第一款第三项规定的情形。因此，原审法院结论正确，予以维持。

随后，原审原被告均不服，提出再审申请。最高法院认为，本案诉争商标系由文字“大姨妈”及图像构成，其显著识别部分为文字“大姨妈”。“大姨妈”，原义是指母亲的姐妹。近来作为月经的俗称，指代女性月经。将“大姨妈”文字作为商标注册，使用在第 38 类“电话会议服务；电子公告牌服务（通讯服务）；计算机辅助信息和图像传送；视频会议服务；数字文件传送；提供互联网聊天室；提供在线论坛；移动电话通讯”等服务上是不是合理，这是本案争议的焦点。在商标评审委员会评审时，以及一审、二审的法院均没有对此认定。根据《商标法》第十条第八项规定，下列标志不得作为商标使用：……（八）有害于社会主义道德风尚或者有其他不良影响的。该条是强制性规定，最高法认为，把大姨妈用作非女性用品的其他商标上，与我国文化传统不相符，有损公众情感和女性尊严，有违公序良俗，系有害于社会主义道德风尚或者有其他不良影响的标志，应当宣告无效。

近年来，在商标的注册上，很多企业标新立异，但是商标本身应该符合社会道德风尚，如最近被法院认定为违法商标的“叫了个鸭”“叫了个鸡”，另外还用著名人物人名注册，如“李文亮”“钟南山”，这些均说明商标需要独特性、显著性，但是商标更需要符合公共利益。

以上，就两起常见的案例分析了公序良俗在司法中的运用，通过此案例，也阐述了德治与法治如何在司法实践中的相互融合。国无德不兴，人无德不立。一个社会是否文明进步，一个国家能否长治久安，很大程度上取决于全体社会成员的思想道德素质，作为道德标准的公序良俗原则，在法律中起到了道德与法律间的平衡，让法律在良性的环境中发展。

如何理解权力制约

一、权力制约的含义

法治思维的基本内容之一是权力制约。权力制约是指国家机关的权力必须受到法律的规制和约束。在我国,国家权力是人民的,即一切权力为民所有;国家权力是为人民服务的,即一切权力为民所用。因此,只有依法对权力的配置和运行进行有效制约和监督,才能防止权力私用、权力滥用和权力腐败。作为社会政治生活的核心,权力是否有效运行是判断一个国家政治文明和发展水平的重要标志。党的十八大报告提出:“确保决策权、执行权、监督权既相互制约又相互协调,确保国家机关按照法定权限和程序行使权力。”十八届三中全会通过《中共中央关于全面深化改革若干重大问题的决定》,把“强化权力运行制约和监督体系”单列一章,强调必须构建决策科学、执行坚决、监督有力的权力运行体系。十八届四中全会第一次在党的决定中提出“公权力”概念,要求“必须以规范和约束公权力为重点,加大监督力度”。党的十九大报告要求:“加强对权力运行的制约和监督,让人民监督权力,让权力在阳光下运行,把权力关进制度的笼子。”

习近平总书记指出,权力是一把双刃剑,在法治轨道上行使可以造福人民,在法律之外行使则必然祸害国家和人民。权力由法定是权力制约的基础和法源。法无授权不可为,是行政法对行政机关如何行使行政权力的一个最基本的原则。行政机关在没有法律、法规的授权，或者超越法律法规授权范围行使行政权力的行为均属于“越权行为”，这是行政违法中最常见的现象。

为了防止权力的滥用，国家通过权力问责来弥补权力滥用，当国家机关在获得权力的同时必须承担相应的职责和责任，对其职权范围内的事项，国家机关必须履行相应的管理职责，这就是有权必有责。这里的责任包括了责任主体、责任内容和责任形式。

国家权力的运行和行使必须接受各种形式的监督，让人民监督权力，让权力在阳光下运行。没有监督的权力必然导致腐败，这是一条铁律。为此，健全权力运行制约和监督体系，有权必有责，用权受监督，失职要问责，违法要追究，保证人民赋予的权力始终用来为人民谋利益，使权力在阳光下运行，阳光是最好的防腐剂，人民是无所不在的监督力量。权力运行不见阳光，或有选择地见阳光，公信力就无法树立。强化权力制约监督，必须增强主动公开、主动接受监督的意识，以公开促公正、以透明保廉洁，让暗箱操作失去空间。

有权必有责、用权受监督，是权力运行的基本原则。党的十八届四中全会要求“必须以规范和约束公权力为重点，加大监督力度”。党中央从党内监督全覆盖破题，坚持党内监督与外部监督相结合，通过深化国家监察体制改革整合机构、完善职能、创新制度，把监督对象从党员、干部拓展到所有行使公权力的公职人员。强化权力制约监督，必须推进公权力运行法治化，消除权力监督的真空地带，压减权力行使的任性空间，保证党立党为公、执政为民，国家机关依法履职、秉公用权，让所有党员、干部和公职人员习惯在受监督和约束的环境中工作和生活。

最后，国家工作人员违法行使权力必须受到法律的追究和制裁。养成权力制约思维，要求自觉运用权力、勇于监督权力，同时自觉监督宪法、法律的实施。

二、相关案例分析

【案例呈现】

张国其等与浙江省人民政府土地行政复议纠纷上诉案

2004年5月19日，奉化市人民政府针对奉化市锦屏街道办事处《关于长汀村实施撤村建居的请示》做出奉政发〔2004〕20号《关于同意撤销长汀行政村建制建立社区居委会的批复》表示，经市政府研究，同意撤销长汀村行政建制，建立长汀社区居委会，保持原有区域范围。望接文后，抓紧做好相关工作。2004年5月25日，奉化市人民政府批准同意奉化市土地流转中心将长汀村集体土地登记为国有土地。2005年7月23日，浙江省人民政府就奉化市土地流转中心填制的《建设用地项目呈报材料“一书一方案”》做出浙土字〔A2005〕第20100号批复，同意划拨原属长汀村的22.965 9公顷国有土地给奉化市土地流转中心使用。该村村民张国其、徐明素、张靖孝、张华龙、张华昌、张靖华、张召良、张孝康、张建挺、方洁蓉、张水意、张邦彦等人（以下简称“张国其等人”）认为，浙江省人民政府批准同意划拨的是所有权人为奉化市锦屏街道长汀村、使用权人为张国其等人的集体土地，在该地块被依法征用前予以划拨没有法律依据。遂于8月25日向浙江省人民政府提起行政复议。2005年9月1日，浙江省人民政府下属办事机构“浙江省人民政府法制办公室”的内设办事部门“复议应诉处”，向张国其等申请人出具信函认为，浙江省人民政府做出浙土字〔A2005〕第20100号批复，是省人民政府批准划拨国有土地使用权的具体行政行为，不涉及原土地所有权人和使用人的合法权益，与原告不存在利害关系，根据《中华人民共和国行政复议法》第十七条第一款的规定，决定不予受理复议申请。张国其等人不服，提起行政诉讼。张国其等人诉浙江省人民政府土地行政复议一案由杭州市中级人民法院受理。2005年12月19日杭州市中级人民法院做出〔2005〕杭行初字第21号行政判决，驳回原告张国其等人的诉讼请求。张国其等人不服，向浙江省高级人民法院提起上诉。浙江省高院做出终审判决：撤销杭州市中级人民法院〔2005〕杭行初字第21号行政判决；确认浙江省人民政府法制办公室复议应诉处于2005年9月1日所做的被诉具体行政行为违法。

本案中涉及三个问题:（1）奉化市人民政府是否同意奉化市土地流转中心将长汀村集体土地登记为国有土地;（2）浙江省人民政府下属办事机构“浙江省人民政府法制办公室”的内设办事部门“复议应诉处”，是否有权向张国其等申请人出具信函;（3）张其国等人为村民，是否具有复议主体资格。

(一)奉化市人民政府是否同意奉化市土地流转中心将长汀村集体土地登记为国有土地

随着城市化发展和户籍制度改革,出现了越来越多的“城中村”,面临着转型问题,这就是常见的“村改居”问题。根据《村委会组织法》第三条规定,村民委员会的设立、撤销、范围调整,由乡、民族乡、镇的人民政府提出,经村民会议讨论同意,报县级人民政府批准。《居委会组织法》第六条规定,居民委员会的设立、撤销、规模调整,由不设区的市、市辖区的人民政府决定。村委会改为居委会,实际上涉及村委会的撤销或建制调整和居委会的设立,理应遵循《村委会组织法》和《居委会组织法》的规定。本案中,奉化市人民政府有权同意撤销长汀村行政建制,建立长汀社区居委会。但是长汀村改为居委会,只涉及该村的户籍变更问题,并不必然变更土地性质,法律并没有授权设区市或者市辖区政府同时变更辖区土地问题。根据《土地管理法》第九条、第十二条、第四十五条的规定,农村和城市郊区的土地,除由法律规定属于国家所有的以外,属于农民集体所有。依法登记的土地所有权和使用权受法律保护,任何单位和个人不得侵犯。在土地利用总体规划确定的城镇建设用地范围内,经省级以上人民政府批准由县级以上地方人民政府组织实施的成片开发建设需要用地的,也就是说,农村土地集体所有权转为国有土地所有权,批准权至少是省级人民政府。但是本案中,在浙江省人民政府同意划拨土地之前,奉化市人民政府将集体土地转登为国有土地的行为,属于重大明显违法。

(二)浙江省人民政府下属办事机构“浙江省人民政府法制办公室”的内设办事部门“复议应诉处”是否能作为复议机关

根据行政复议法规定,对国务院部门或者省、自治区、直辖市人民政府的具体行政行为不服的,向做出该具体行政行为的国务院部门或者省、自治区、直辖市人民政府申请行政复议,依照本法履行行政复议职责的行政机关是行政复议机关。行政复议机关负责法制工作的机构具体办理行政复议事项,履行下列职责:审查申请行政复议的具体行政行为是否合法与适当,拟订行政复议决定;行政复议机关负责法制工作的机构应当对被申请人做出的具体行政行为进行审查,提出意见,经行政复议机关的负责人同意或者集体讨论通过后,按照规定做出行政复议决定。就本案而言,张国其等人对浙江省人民政府批准同意划拨的是所有权人为奉化市锦屏街道长汀村、使用权人为张国其等人的集体土地,在该地块被依法征用前予以划拨没有法律依据,应该由浙江省人民政府法制办做出裁决,而非由其下属办事机构的内设办事部门“复议应诉处”以自己的名义独立做出裁决。实际上,在二审期间,浙江省人民政府法制办公室于 2006 年 3 月 30 日做出浙府法复〔2006〕18 号行政复议案件受理通知书,即为对前面行为的纠正。

(三)张国其等人为村民,是否具有复议主体资格

本案中,张国其等上诉人原均系涉讼土地的使用权人,且在该涉讼土地之上建有房屋,领取房屋所有权证和集体土地建设用地使用证。奉化市人民政府批准同意奉化市土地流转中心将长汀村集体土地登记为国有土地后,并未依法办理土地变更登记手续,收回并注销张国其等上诉人原持有的集体土地使用权证,同时换发国有土地使用权证,或直接办理国有土地登记手续,核发国有土地使用权证。因此,张国其等上诉人与浙江省人民政府的浙土字〔A2005〕第 20100 号批复仍然存在法律上的利害关系,应当享有对该批复申请行政复议的权利。

在本案中，村委会转居委会、集体土地所有权转变为国有土地所有权的批准权、行政复议权等权力均来源于法律，除非有法律规定或授权，任何机关都不能越权、滥用权力。而奉化市人民政府批准同意奉化市土地流转中心将长汀村集体土地登记为国有土地，以及浙江省人民政府下属办事机构“浙江省人民政府法制办公室”的内设办事部门“复议应诉处”以自己名义发函，属于越权，法院确认该行为的违法性；张国其等人维护自己合法权益，寻求行政复议、一审、终审的救济手段，是对行政权力监督的过程。

三、立法上构建权力的制约机制

其一，强调了行政监督功能。《行政诉讼法》第一条规定：“为保证人民法院公正、及时审理行政案件，解决行政争议，保护公民、法人和其他组织的合法权益，监督行政机关依法行使职权，根据宪法，制定本法。

其二，“红头文件”可以附条件审查。有些具体行政行为侵犯公民、法人或者其他组织的合法权益，是地方政府及其部门制定的规范性文件中越权错位等规定造成的。为从根本上减少违法具体行政行为，《行政诉讼法》第五十三条规定，公民、法人或者其他组织认为行政行为所依据的国务院部门和地方人民政府及其部门制定的规范性文件不合法，在对行政行为提起诉讼时，可以一并请求对该规范性文件进行审查。前款规定的规范性文件不含规章。即公民、法人或者其他组织认为具体行政行为所依据的国务院部门和地方人民政府及其部门制定的规章以外的规范性文件（俗称“红头文件”）不合法，在对具体行政行为提起诉讼时，可以一并请求对该规范性文件进行审查。

其三，施行行政机关负责人出庭应诉制度。《行政诉讼法》第三条规定，被诉行政机关负责人应当出庭应诉。不能出庭的，应当委托行政机关相应的工作人员出庭。

其四，放宽原告主体资格。法律规定，《行政诉讼法》第二十五条规定，行政行为的相对人以及其他与行政行为有利害关系的公民、法人或者其他组织，有权提起诉讼。比如本案中，农村集体土地转为国有土地，原告是否有起诉资格，如果根据现行《行政诉讼法》，即便是奉化市人民政府有权变更土地性质，原告也具有起诉资格，这样做更加有利于解决纠纷。

其五，行政机关不履行判决的监督。《行政诉讼法》第九十六条规定："行政机关拒绝履行判决、裁定、调解书的，第一审人民法院可以采取下列措施：（一）对应当归还的罚款或者应当给付的款额，通知银行从该行政机关的账户内划拨。（二）在规定期限内不履行的，从期满之日起，对该行政机关负责人按日处五十元至一百元的罚款。（三）将行政机关拒绝履行的情况予以公告。（四）向监察机关或者该行政机关的上一级行政机关提出司法建议。接受司法建议的机关，根据有关规定进行处理，并将处理情况告知人民法院。（五）拒不履行判决、裁定、调解书，社会影响恶劣的，可以对该行政机关直接负责的主管人员和其他直接责任人员予以拘留；情节严重，构成犯罪的，依法追究刑事责任。"通过对行政机关不履行判决的监督，让判决最终转化为百姓实实在在的权利，而非一纸空文。

公正司法

我国宪法规定,人民法院、人民检察院依照法律规定独立行使审判权、检察权,不受行政机关、社会团体和个人的干涉。从党的十五大到党的十八大,以及十八届三中、四中全会,均提出要确保人民法院和人民检察院依法独立公正行使审判权和检察权。“依法”之法是党领导广大人民群众制定的法律,既是司法权运行的依据,也是司法权的“制度笼子”;“独立”是我国司法权运行方式上的要求,表现为“让审理者裁判、由裁判者负责”,是坚持党的领导的依法独立;“公正”则体现了社会主义法治的本质要求和价值追求,既注重实体公正,也注重程序公正,让人民群众在每一个司法案件中都感受到公平正义。司法是维护公平正义的最后一道防线,这道防线应该如何坚守,党的十八大以来,国家在落实司法公正方面,形成了如下的创新举措。

一、确立立案登记制度

立案是整个司法活动的第一道关口,是影响人民群众对司法公正感受的重要环节。1997 年 4 月印发的《最高人民法院关于人民法院立案工作的暂行规定》第四条规定:“人民法院对当事人提起的诉讼,依法进行审查,符合受理条件的应当及时立案。”这就是立案审查制。立案审查制对应于当时诉讼案件不多、司法从业人员较少的情况,可以通过法院审查,事先将一些恶意诉讼、无理缠讼、虚假诉讼“过滤”掉。但随着经济的发展、百姓法律意识的提升、矛盾纠纷的增多，如果仍然采取审查制，就势必让更多的人诉讼无门，让公众转向其他途径寻求救济，甚至是非法手段，从而使维护司法公正成了一纸空文。

2014 年，十八届四中全会通过的《中共中央关于全面推进依法治国若干重大问题的决定》提出改革法院案件受理制度，变立案审查制为立案登记制，做到有案必立、有诉必理，保障当事人诉权。2015 年 2 月，为深化法院各项改革，最高人民法院制定《关于全面深化人民法院改革的意见》（即修订后的《人民法院第四个五年改革纲要（2014－2018）》），明确指出将立案审查制变为立案登记制度。2015 年 4 月，最高人民法院通过的《最高人民法院关于人民法院登记立案若干问题的规定》第一条规定："人民法院对依法应该受理的一审民事起诉、行政起诉和刑事自诉，实行立案登记制。"这是"立案登记制"首次明确地以司法条文的形式被固定下来。自 2015 年 5 月 1 日起，立案登记制在全国法院系统全面施行。随着互联网的运用，立案的形式也多样化了，有当场立案、预约立案、网上立案、跨区域立案、协作立案等方式，方便当事人立案。根据最高人民法院的权威发布，2015 年 5 月 1 日至 2017 年 3 月的近两年时间，全国法院登记立案数量超过 3 100 万件，同比上升 33.92％，当场立案率超过 95％。

二、落实以审判为中心的诉讼制度改革

党的十八届四中全会通过的《中共中央关于全面推进依法治国若干重大问题的决定》明确提出，要"推进以审判为中心的诉讼制度改革，确保侦查、起诉的案件事实证据经得起法律的检验。全面贯彻证据裁判规则，严格依法收集、固定、保存、审查、运用证据，完善证人、鉴定人出庭制度，保证庭审在查明事实、认定证据、保护诉权、公正裁判中发挥决定性作用"。审判是诉讼的中心环节和最后一道防线，推进以审判为中心的诉讼制度改革，凸显了审判的中心地位，抓住了保证司法公正的"牛鼻子"。

【案例呈现】

张氏叔侄强奸案

张辉，男，安徽歙县人；张高平，男，安徽歙县人，二人系叔侄，同因涉嫌强奸罪被批捕。2003年5月19日，杭州市公安局西湖区分局接报，当日上午10时许在杭州市西湖区留下镇留泗路东穆坞村路段水沟内发现一具女尸。经公安机关侦查，认定是前一天晚上从老家歙县开车载货去上海、受托搭载被害人王某至杭州的张辉和张高平所为。2004年4月21日，杭州市中级人民法院以强奸罪分别判处张辉死刑、张高平无期徒刑。2004年10月19日，浙江省高级人民法院二审分别改判张辉死刑、缓期两年执行；张高平有期徒刑十五年。张辉和张高平均坚称自己无罪，判决生效后，张高平及其家人不间断地进行申诉。

2013年3月20日，浙江省高级人民法院在浙江省乔司监狱对张辉、张高平一案依法进行了不公开开庭审理，并于26日上午，对张辉、张高平强奸再审案公开宣判，认为有新的证据证明，不能排除系他人作案的可能，认定原判定罪、适用法律错误，宣告张辉、张高平无罪。这场长达10年的冤案最终案情大反转。

在原审中，一审、二审法院对被告人张辉、张高平强奸的事实，主要依据两原审被告人有罪供述、现场勘查笔录、尸体检验报告反映的情况基本相符，以及原审证人袁连芳做的伪证为定案的依据。这里必须明确，刑事案件的认定标准，必须是证据链的完全吻合才能作为定案的依据，民事案件的定案可以根据证据链的基本符合定案。显然，在本案中，证据链的基本符合是不足以定案的。通过再审可以发现出现了两个疑问，合理排除了两被告入罪的可能性。

第一，有新的证据证明，本案犯罪嫌疑人另有其人。根据杭州市公安局2003年6月23日做出的《法医学DNA检验报告》，所提取的被害人8个指甲末端检出混合DNA谱带，可由死者和一名男性的DNA谱带混合形成，但是排除了张辉、张高平与被害人混合形成。并且发现被害人8个指甲末端擦拭滤纸上的DNA检出的混合STR分型中包含勾某某的STR分型。而勾某某曾利用其驾驶出租汽车的便利，采用扼颈等手段将乘坐其出租汽车的浙江大学城市学院学生吴某某杀死并窃取吴某某随身携带的财物，其作案手法与本案被害人相似。因此，法院认为，不能排除勾某某杀害被害人的可能。法院对这段证据的认定，就是根据我国《刑事诉讼法》第二百条第三项规定，证据不足，不能认定被告人有罪的，应当作出证据不足、指控的犯罪不能成立的无罪判决，从而贯彻了疑罪从无的原则。

第二，原判据以认定案件事实的主要证据不能作为定案依据。经再审庭审查明，公安机关审讯张辉、张高平的笔录、录像及相关证据证明，侦查人员在审讯过程中存在对犯罪嫌疑人不在规定的羁押场所关押、审讯的情形；公安机关提供的张辉首次有罪供述的审讯录像不完整；张辉、张高平指认现场的录像镜头切换频繁，指认现场的见证人未起到见证作用；从同监犯获取及印证原审被告人有罪供述等侦查程序和行为不规范、不合法。根据刑事诉讼法第五十六条规定，采用刑讯逼供等非法方法收集的犯罪嫌疑人、被告人供述和采用暴力、威胁等非法方法收集的证人证言、被害人陈述，应当予以排除。收集物证、书证不符合法定程序，可能严重影响司法公正的，应当予以补正或者做出合理解释；不能补正或者做出合理解释的，对该证据应当予以排除。法院基于非法证据排除规则，认为该部分证据不能排除公安机关存在以非法方法收集证据的情形，张辉、张高平的有罪供述、指认现场笔录等证据，依法应予排除。

在以往的实践中，公检法三机关相互配合、相互制约原则在执行过程中存在着不容忽视的问题，往往配合得多、制约得少，整个诉讼制度的重心往往不在审判，这既弱化了庭审中控辩双方的相互制约职能，同时也弱化了审判对侦查和起诉的制约能力。以审判为中心诉讼制度，强调了在控审尤其是侦审关系问题上，审判机关对于非法取证行为有权予以纠正；转侦查中心主义和卷宗中心主义为特点的诉讼以审判为中心，诉讼参与人的诉讼活动都要围绕庭审进行。第一，要求法官认定事实必须依据证据，没有证据不得认定事实；第二，作为认定事实的证据必须有证据能力，能使案件得出唯一合理的结论；第三，证据必须在法庭上出示，经过控辩双方的举证、质证，辩诉双方发表意见。以审判为中心的诉讼制度改革，突出了司法权威，确立审判的高标准，要求检察机关、公安机关调查取证的合法化、正当化，有利于防范冤假错案、排除非法证据，最终实现公平公正裁判。

三、防止舆论干预司法与行政干预司法

实践中，舆论干预司法与行政干预司法是比较常见的干预司法行为。

(一)舆论与司法公正

舆论对司法过程的影响无可回避，有人将舆论强势介入案件审判称为“舆论司法”。媒体在报道过程中，难免夹杂着自身对案件的法律之外的评判，如道德评判、宗教评判，会存在其价值观与法律价值评判不一致的情况，这时，舆论和法律之间会形成一场“较量”。如于欢案件，一审于欢被判处无期徒刑，二审被判处 5 年有期徒刑，巨大的量刑之差，除了法律因素外，媒体的力量不容忽视。从 2016 年 3 月 23 日《南方周末》首发报道《刺死辱母者》引发微博、微信、网站迅速传播，到 6 月 23 日山东省高级人民法院对“于欢案”做出终审判决，在这一过程中发生了什么？人民网舆情频道做了调查发现，在终审结果公布之前，网友围绕“儿子刺死辱母者被判无期”进行的话题讨论与观点表达主要以倾泻负面情绪为主，其中负面情绪占比 82%，正面情绪占比 8%，中立情绪占比 10%。负面情绪表达中，主要包括对暴力催债者的谩骂，对讨债者实施的人身侮辱行为感到气愤、痛心，对警察不作为的谴责以及对司法不公正的怀疑等等。正面情绪表现为网友客观理性的分析事实，并相信真理总会到来。中立情绪即网友未表明自己的立场与观点。但是在“于欢案”的终审结果公布之后，社会情绪发生了较大的逆转。负面情绪占 32%，正面情绪增加到 60%并成为占主导地位的社会情绪。正面情绪主要表现为网友对司法公正的肯定，认为法院的判决有理有据，是最公正的判决，并为山东省高级人民法院公开、透明、高效的审判点赞；与此同时，一部分网友还表达了社会舆论的肯定，认为社会舆论对司法公正起到了重要的推动与促进作用。负面情绪表现为较少一部分网友认为是舆论绑架了司法。通过这则报道看到了舆论对于司法的影响，而这则由新闻报道引发关注、经媒体传播发酵、最终引起巨大舆论浪潮的案件，最终以“法理情结合”的改判，获得了社会接受，这个结果应该说是皆大欢喜。但是这里也必须要明确，舆论在司法监督过程中既会产生积极的监督作用，同时也有可能产生影响司法公正的消极问题。最为著名的就是 2006 年的“南京彭宇案”，彭宇案件一开始舆论就引导公众讨论“该不该做好事”，后又有类似的案件被反复提起，忽视了案件背后的法理依据，其负面影响至今不能完全消除。舆论监督是一把双刃剑，作为法治监督体系的重要组成部分，监督过当，司法裁判因舆论而改判，公众会消解司法公信力；监督得当，能够维护司法裁判的独立性和正确性，提升司法公信力。因此，舆论监督应着眼于形成独立公正行使司法权与舆论监督的良性互动。

(二)行政干预与司法公正

行政干预司法对司法的危害性可想而知。2005 年 12 月，针对陕西省横山县波罗镇一座煤矿的产权纠纷存在多年的情况，榆林市中级人民法院判决陕西省国土资源厅批准该矿变更《采矿许可证》的行为违法，应予撤销；陕西省国土资源厅提出上诉至陕西省高级人民法院，但被驳回起诉。陕西省国土资源厅非但不依法履行法院生效判决，反而在 2010 年召开所谓的“协调会”，目的是希望通过“会议决定”否定法院判决。这是一起比较典型的行政干预司法、不执行司法判决案例。新华社播发《新华时评》指出，一个省级政府部门如此对待法律，暴露出时至今日仍有地方政府目无国法，把权力凌驾于法制之上。

党的十八大以来，特别是十八届三中、四中全会以来，以习近平同志为核心的党中央对深化司法体制改革做出了一系列重大的决策和部署。为落实《中共中央关于全面推进依法治国若干重大问题的决定》有关要求推出重要举措，中共中央办公厅、国务院办公厅印发的《领导干部干预司法活动、插手具体案件处理的记录、通报和责任追究规定》、中央政法委员会印发的《司法机关内部人员过问案件的记录和责任追究规定》指出，对领导干部干预司法活动、插手具体案件处理的情况，司法人员应当全面、如实记录，做到全程留痕，有据可查；领导干部不得对司法人员打击报复。非因法定事由，非经法定程序，不得将司法人员免职、调离、辞退或者做出降级、撤职、开除等处分；对领导干部干预司法活动划出“红线”：(1)在线索核查、立案、侦查、审查起诉、审判、执行等环节为案件当事人请托说情的；(2)要求办案人员或办案单位负责人私下会见案件当事人或其辩护人、诉讼代理人、近亲属以及其他与案件有利害关系的人的；(3)授意、纵容身边工作人员或者亲属为案件当事人请托说情的；(4)为了地方利益或者部门利益，以听取汇报、开协调会、发文件等形式，超越职权对案件处理提出倾向性意见或者具体要求的；(5)其他违法干预司法活动、妨碍司法公正的行为。领导干部有以上行为之一的，属于违法干预司法活动，党委、政法委按程序报经批准后予以通报，必要时可以向社会公开；确保司法机关依法独立公正行使职权，不得执行任何领导干部违反法定职责或法定程序、有碍司法公正的要求。

四、保障被告权利，保障律师出庭

培根曾经说过："一次不公正的审判，其恶果甚至超过十次犯罪。因为犯罪虽是无视法律——好比污染了水流，而不公正的审判则毁坏法律——好比污染了水源。"习近平总书记强调，要懂得"100－1＝0"的道理，一个错案的负面影响足以摧毁九十九个公正裁判积累起来的良好形象。但是，长期以来，我国刑事诉讼活动中律师辩护率只有30％左右，这与十八届四中全会以来"推进以审判为中心的诉讼制度改革"和"完善认罪认罚从宽制度"的重大改革举措极不适应。因此，提高律师在刑事诉讼中的辩护率以及提升辩护质量，也是司法部门着力改进的问题。2015年9月，最高人民法院、最高人民检察院、公安部、国家安全部、司法部印发《关于依法保障律师执业权利的规定》指出，人民法院、人民检察院、公安机关、国家安全机关、司法行政机关应当尊重律师，健全律师执业权利保障制度，依照刑事诉讼法、民事诉讼法、行政诉讼法及律师法的规定，在各自职责范围内依法保障律师知情权、申请权、申诉权，以及会见、阅卷、收集证据和发问、质证、辩论等方面的执业权利，不得阻碍律师依法履行辩护、代理职责，不得侵害律师合法权利。2017年10月《最高人民法院 司法部关于开展刑事案件律师辩护全覆盖试点工作的办法》指出，适用简易程序、速裁程序审理的案件，被告人没有辩护人的，人民法院应当通知法律援助机构派驻的值班律师为其提供法律帮助，从加大对律师辩护权利的保护，到刑事审判中律师辩护全覆盖，有效地保障了被告的权利，维护了司法公正。

五、落实司法责任制

落实司法责任制，实现权力和责任相统一。2015 年最高人民法院发布《关于完善人民法院司法责任制的若干意见》，就完善司法责任制做了相关规定，即要以严格的审判责任制为核心，以科学的审判权力运行机制为前提，以明晰的审判组织权限和审判人员职责为基础，以有效的审判管理和监督制度为保障，让审理者裁判、由裁判者负责，确保人民法院依法独立公正行使审判权。代表法院行使审判权的是独任庭、合议庭、审判委员会等法定审判组织，裁判最终也是以人民法院名义做出。第一，改革审判权力运行机制。法院可以按照受理案件的类别，通过随机产生的方式，组建由法官或者法官与人民陪审员组成的合议庭，审理适用普通程序和依法由合议庭审理的简易程序的案件。进入法官员额的院长、副院长、审判委员会专职委员、庭长、副庭长应当办理案件。第二，明确司法人员职责和权限。就院长、副院长、合议庭、独任审判以及书记员的具体权限和职责做了具体规定。试点法院取消案件层层请示、逐级审批制度，建立“谁审理、谁裁判、谁负责”制度，除审判委员会讨论决定的案件以外，院庭长不再进行审核签发自己未直接参加审理案件的裁判文书。第三，审判责任的认定和追究。法官应当对其履行审判职责的行为承担责任，在职责范围内对办案质量终身负责。

据最高人民法院公布的《中国法院的司法改革(2013－2016)》可知，十八大以来，人民法院通过审判监督程序纠正聂树斌案、呼格吉勒图案、张氏叔侄案等重大刑事冤假错案 34 起；2013 至 2016 年，各级法院共依法宣告 3 718 名被告人无罪，共受理国家赔偿案件 16 889 件，赔偿金额为 69 905.18 万元。

六、同案同判原则

同案同判，作为百姓来讲，是最能看得见的维护司法公正的方法。2006年4月21日，广州青年许霆与朋友郭安山利用ATM机故障漏洞取款，许取出17.5万元，郭取出1.8万元。2007年12月一审，许霆被广州中院判处无期徒刑，2008年2月22日，案件发回广州中院重审改判5年有期徒刑，当时从无期徒刑到5年有期徒刑，量刑差异的巨大引起了社会广泛争议。跟许霆相似的情况，在云南、温州、上海也相继发生，但是裁判结果也是从无罪到无期不等，仅仅是因为司法机构地区的不同，以及考虑到维护金融机构的信息安全等的考量，就在不同地区出现了从最轻的无罪到无期徒刑的区别，这在一定程度上消减了司法权威。除了刑事案件的审判，民事案件裁判亦存在同案不同判的情况。因为不同法院就同一个问题适用的裁判规则的不同，如有些适用法律，有些适用司法解释，也会出现同案不同判的尴尬。

同案同判是指通过对法律事实的分析比较，在相同的法律事实基础上，通过相同的推理方法、相同的法律条款、相同的司法解释、相同的判定标准，必然得出相同的结论。大数据时代为实现同案同判提供了可行性和可能性。同案同判也是实现公平正义的内在价值要求。通过完善同案同判制度可以提高司法裁判的科学性和准确性，进而对未来立法的完善和发展提供重要实践基础。当然，同案同判是一个比较复杂的、涉及立法技术的事项。因为法律规范是对法律行为的抽象概括，而实践中，从事实到法律事实具有差异性，不能简单地认为，案件结果完全一样才是实现了同案同判；也不能简单认为事实一样必定得出相同的结论，只有建立在法律事实相同的基础上，得出的法律结果才是相同的。

2019年9月9日，最高人民法院审判委员会第1776次会议通过《最高人民法院关于建立法律适用分歧解决机制的实施办法》，为彻底解决同案同判问题提供了依据。办法规定，最高人民法院审判委员会是最高人民法院法律适用分歧解决工作的领导和决策机构。为严格落实全面推进“类案和新类型案件强制检索"制度的要求,最高人民法院各业务部门、各高级人民法院和专门人民法院在案件审理与执行过程中,发现最高人民法院生效裁判之间存在法律适用分歧的,或者在审案件做出的裁判结果可能与最高人民法院生效裁判确定的法律适用原则或者标准发生分歧的,应当启动法律适用分歧解决机制,向最高人民法院提出法律适用分歧解决申请。为保证法律适用分歧解决结果的适用,对于最高人民法院审判委员会关于法律适用分歧做出的决定,最高人民法院各业务部门、地方各级人民法院和各专门人民法院在审判与执行工作中应当参照执行。

七、审判执行分离

长期以来,困扰百姓的立案难和执行难,是司法工作的两头。案件虽然得到了公正审判,但是无法获得最终的执行,对于公众而言,就好比开了一张空头支票。党的十八届四中全会提出"完善司法体制,推动实行审判权和执行权相分离的体制改革试点",最高人民法院认真贯彻党中央决策部署,在《关于全面深化人民法院改革的意见——人民法院第四个五年改革纲要》中明确指出要"深化执行体制改革,推动实行审判权和执行权相分离的体制改革试点"。

所谓审判权和执行权分离有两层含义:一是审判程序与执行程序的分离,二是审判权与执行权的分离。前者指的是程序活动上的审执分离,即先审判后执行,不能同时进行也不能边审边执行或边执行边审,这个早已经实现;后者则指的是权力上的审执分离,即由一个机构专门行使审判权,另一个机构专门行使执行权。

我国人民法院成立初期审判权和执行权不分,从审理、判决到执行,均由承办法官负责。随着经济体制改革和对外开放,法院逐步开始设立执行庭,专门承担民事、行政等案件的执行工作,执行工作取得了相对独立的地位。进入21世纪,司法独立也成为主流趋势,但执行权配置在司法权内部,使司法机关"专门行使审判权"的职能定位出现偏离,因此我国提出了执行权与审判权分离的设想。法院开始探索在人民法院内部设立相对独立的“执行局”，专司执行工作。

实质上，这个执行局仍然是具有行政、司法双重属性。如民事诉讼法规定，当事人、利害关系人认为执行行为违反法律规定的，可以向负责执行的人民法院提出书面异议。当事人、利害关系人提出书面异议的，人民法院应当自收到书面异议之日起十五日内审查，理由成立的，裁定撤销或者改正；理由不成立的，裁定驳回。所以，执行裁判权与执行实施权并未完全剥离。审判和执行分离改革的目标就是需要形成独立的执行机构，独立行使执行权，上下级执行机关是领导和被领导关系，并通过执行独立对审判权进行有效监督。

最高人民法院发布的《人民法院执行工作纲要（2019—2023）》指出，将执行权区分为执行实施权和执行裁判权，案件量大及具备一定条件的人民法院在执行局内或单独设立执行裁判庭，由执行裁判庭负责办理执行异议、复议以及执行异议之诉案件。不具备条件的法院的执行实施工作与执行异议、复议等裁判事项由执行机构不同法官团队负责，执行异议之诉案件由相关审判庭负责办理。与此同时，纲要还要求推进人民法院执行管理体制改革，支持各地法院在地方党委领导下，经最高法院批准，开展执行管理体制改革试点。试点模式包括：一是市（地）中级人民法院对区（县）人民法院执行机构垂直领导；二是区（县）人民法院执行机构接受本级人民法院和中级人民法院执行机构双重领导，在执行业务上以上级执行机构领导为主。建立全国法院执行协调办理系统，协调案件的报请、证据交换、后续跟踪、督办落实等。通过审、执分离，让执行权回归其应有的本质属性，即“强制性”，与审判权强调公平公正相比，其更强调对裁判结果的行政执行，以效率和权力实现为价值核心，进而加强执行力度，破解执行难问题，实现司法最终的公平公正。

法律权利与法律义务

一、法律权利与法律义务的概念

法律权利是指反映一定社会物质生活条件所制约的行为自由，是法律所允许的权利人为了满足自己的利益而采取的，由其他人的法律义务所保证的法律手段。权利绝不能超出社会的经济结构以及由经济结构制约的社会的文化发展。法律义务是指反映一定的社会物质生活条件所制约的社会责任，是保障法律所规定的义务人应该按照权利人要求从事一定行为或不行为以满足权利人利益的法律手段。只有承担法律义务的人履行法律义务，享有法律权利的人才能实现自己的合法权益。法律义务的履行表现为两种形式：一种是作为，是指义务人实施积极的行为；另一种是不作为，是指义务人不得实施某种行为。法律义务具有法定的强制性，违反法律义务必须承担法律责任。

从法律权利与义务的产生和发展看，两者经历了从浑然一体到分裂对立再到相对一致的过程。在原始社会，由于还不存在法律制度，权利和义务的界限也不很明确，两者实际上是混为一体的。随着阶级社会、国家的出现和法律的产生，权利和义务发生分离。

二、法律权利与法律义务之间的关系

第一，在结构上，法律权利和法律义务相互依存、相互贯通。相互依存是指法律权利和义务不可能孤立存在和发展，一方的存在和发展必须以另一方的存在和发展为条件；相互贯通是指法律权利和义务相互渗透、相互包含，以及在一定条件下的转化，每一个主体在享有权利时都对应承担一定的义务。权利和义务都不可能孤立地存在和发展。它们的存在和发展都必须以另一方的存在和发展为条件。它们的一方不存在了，另一方也不能存在。在具体法律关系中，权利义务又是互相包含的。

第二，从数量上看，两者的总量是相等的。有学者做过比喻，如果把既不享受权利也不履行义务表示为零，那么权利和义务的关系就可以表示为以零为起点向相反的两个方向延伸的数轴，权利是正数，义务是负数，正数每延长一个刻度，负数也相应地延长一个刻度，最终，正数与负数的绝对值总是相等的。只有权利和义务在总量上处于等额状态，利益的付出与获得才能达到平衡，社会生活才不至于混乱。

第三，权利和义务在功能上具有互补性。(1)权利直接体现法律的价值目标，义务保障价值目标和权利的实现。离开了法律权利，法律义务就失去了履行的价值和动力；离开了法律义务，法律权利也形同虚设。(2)权利提供不确定指引，义务提供确定指引。从立法技术上看，分为授权性规范和义务性规范。授权性规范赋予人的行为可选择性的权利，对人行为的指引具有一定作用，在法律文本中常以“可以”字样出现，但是作为人的行为具有不确定性；而义务性规范，则是具体确定了人们的行为，在法律文本中常以“应当、必须、禁止”等字样出现。这两种立法技术的目的是一致的，都是为了实现法的目标、法的价值，它们只是以各自不同的特点，互相补充，互相联系，从而构成法律调整的网络。(3)义务的约束机制有助于建立秩序，权利的导向和激励机制有助于实现自由。

以上是关于权利义务的法理上的关系，那么在具体的实践中如何理解权利义务关系，可通过一则案例分析。某市的一对离异夫妇有一个高中毕业的女儿。女儿跟随母亲生活，但母亲体弱多病，家境非常贫寒，无法支付女儿上大学的费用。女儿的父亲已经重新组建了家庭，虽然家庭也不富裕，但女儿的大学费用挤挤还是有的。女儿向父亲索要费用，父亲拒绝。女儿一纸诉状诉至法庭，请求法院判决父亲支付费用。一审支持了原告女儿的诉讼请求。这则案例粗看起来，法院判决是正确的。但是，如果从权利义务角度分析，就会发现存在问题。

《婚姻法》规定，父母对子女有抚养教育的义务；子女对父母有赡养扶助的义务。父母不履行抚养义务时，未成年的或不能独立生活的子女，有要求父母付给抚养费的权利。子女不履行赡养义务时，无劳动能力的或生活困难的父母，有要求子女付给赡养费的权利。根据最高人民法院关于适用《中华人民共和国婚姻法》若干问题的解释(法释〔2001〕30 号)，不能独立生活的子女一般是指尚在校接受高中及其以下学历教育，或者丧失或未完全丧失劳动能力等非因主观原因而无法维持正常生活的成年子女。通过法律规定，明确了父母对未成年子女的抚养义务，包括了身心健康、教育及教育费用、生活费用支出；与此相对应，子女对父母有赡养的义务。但是本案中的子女已经在读大学，年满十八周岁，既不属于未成年人，也不属于不能独立生活的子女，所以从权利角度而言，没有权利要求其父母再履行抚养义务，因此，其父亲也没有义务支付上大学的费用。因此，这个判决是错误的，当然，从道德角度看，这位父亲如果不支付相应的费用，是会受到道德谴责的。

三、法律权利义务的价值问题

从价值上看，权利和义务代表了不同的法律精神，它们在历史上受到重视的程度有所不同，因而两者在不同国家的法律体系中的地位是有主次之分的。权利本位的核心主张是在马克思唯物主义辩证历史观的基础上，认为人类社会在资本主义之前的社会(原始社会、奴隶社会和封建社会)，由于生产力不足的原因，个人的能力和资源有限，因此不可能存在保护多数人权利的法治,而只能存在以义务为本位、保护少数人特权的法制。而只有在资本主义社会和社会主义社会,随着生产力的大力发展和提高,个人和个体成为社会的主体,以保护个体利益为核心的、以权利为本位的法治社会才会逐渐形成。

"权利本位"存在以下几个特征:(1)社会成员皆为权利主体,没有人因为性别、种族、语言、宗教信仰等特殊情况而被剥夺权利主体的资格,或在基本权利的分配上受歧视。(2)在权利和义务的关系上,权利是目的,义务是手段,法律设定义务的目的在于保障权利的实现;权利是第一性的因素,义务是第二性的因素,权利是义务存在的依据和意义。(3)权利主体在行使其权利时,只受法律所规定的限制,这种限制的唯一目的在于保证对他人的权利给予应有的承认、尊重和保护。(4)在法律没有明确禁止或强制的情况下,可以(应当)做出权利推定,即推定为公民有权利(自由)去作为或不作为。①

社会主义国家,权利本位具体体现在以下几个方面:

第一,社会主义国家的生产资料公有制和人民民主专政的性质决定了社会主义权利本位属性。在公有制的基础上,生产过程中形成了全新的人与人之间的关系,实现了"各尽所能,按劳分配"的社会主义原则。法律规定,国家通过提高劳动者的积极性和技术水平,推广先进的科学技术,完善经济管理体制和企业经营管理制度,实行各种形式的社会主义责任制,改进劳动组织,以不断提高劳动生产率和经济效益,发展社会生产力。国家通过各种途径,创造劳动就业条件,加强劳动保护,改善劳动条件,并在发展生产的基础上,提高劳动报酬和福利待遇。中华人民共和国公民在年老、疾病或者丧失劳动能力的情况下,有从国家和社会获得物质帮助的权利。这些为社会主义法治把权利主体资格普及于全社会并以权利为本位提供了经济上的依据。

---

① 张文显:《从义务本位到权利本位是法的发展规律》,《社会科学战线》,1990年第3期。

第二,社会主义权利本位是实现社会主义民主政治的保证。民主政治就是一切权力属于人民,人民当家作主。人民行使国家权力的机关是全国人民代表大会和地方各级人民代表大会。人民依照法律规定,通过各种途径和形式,管理国家事务,管理经济和文化事业,管理社会事务。社会主义经济的发展,社会主义民主政治的推进,社会主义其他事业的顺利进行,都要通过公民的积极而负责的参与来实现。法律规定了无差别的选举权和被选举权;法律规定政府和其他权力机关就是人民当家作主的实现方式,被人民授予更广泛的权利和权力,受到人民的监督。

第三,社会主义权利本位以人民为中心。社会主义肯定了法律面前人人平等、公民合法私有财产不受侵犯、私法自治等原则制度。社会主义以人民为中心的权利本位,也意味着政治权力不是完全为经济利益服务,为了人民的利益甚至可以牺牲经济利益。此次新冠病毒的疫情控制就是很好的例子。

论言论自由的限度

一、言论自由概述

言论自由是我国宪法规定的公民基本权利之政治权利之一。《宪法》第三十五条规定，中华人民共和国公民有言论、出版、集会、结社、游行、示威的自由。言论自由是指公民有权通过自己选择的语言形式来表达自己的某种思想或者对某种问题的见解的自由。公民享有得以口头、书面、图片、音乐、视频或其他形式获取和传递各种信息、情感、意见、观点等权利。换言之，公民有权自由地交谈，自由地讨论国内外各种问题，自由地发表对国内外某些事件的观点和看法，也可以对政府机关进行监督和建议。

但任何自由都不是绝对的，都有其相应的限度，必须依照法律规定的限度来行使。《宪法》第五十一条规定，中华人民共和国公民在行使自由和权利的时候，不得损害国家的、社会的、集体的利益和其他公民的合法的自由和权利。这就表明了言论自由行使的边界是合法性。据此，理解言论自由的合法性问题是理解言论自由权利的核心。

《宪法》第五十一条的规定是一个原则性的条款，该条款不仅适用于言论自由，也适用于其他权利行使过程中的合法性原则。就言论自由本身，在我国部门法中没有专门的具体条款直接规范。比如，宪法规定了公民的人格尊严权，人格尊严包括了姓名权、肖像权、名誉权、荣誉权、隐私权等等，

《民法典》第一百一十条对这些权利有规定，即自然人享有生命权、身体权、健康权、姓名权、肖像权、名誉权、荣誉权、隐私权、婚姻自主权等权利。法人、非法人组织享有名称权、名誉权和荣誉权。《民法典》第一百八十五条规定，侵害英雄烈士等的姓名、肖像、名誉、荣誉，损害社会公共利益的，应当承担民事责任，这就是把宪法的权利直接在部门法中体现。但是关于言论自由的直接条款，我国部门法中没有规定。如何认定言论自由的边界，则是要根据违反言论自由后具体表现出来的违法行为，以及造成的危害后果，参照相应的民法、刑法、行政法的相关规定来确定。这也是行使言论自由权利的难点。以下分别通过案例说明违反言论自由的情形。

二、刑事犯罪

【案例呈现】

訾北佳损害商品声誉案（纸包子案）

（［2007］二中刑初字第 1763 号）

2007 年 6 月，被告人訾北佳在担任北京电视台生活节目中心《透明度》栏目临时工作人员期间，通过查访，在未发现有人制作、出售肉馅内掺纸的包子的情况下，为显示工作业绩，化名胡月，多次到北京市朝阳区太阳宫乡十字口村 13 号院内，对制作早餐的陕西省来京人员卫全峰等四人谎称需定购大量包子，要求卫全峰等人为其加工制作。后訾北佳伙同张沄江携带密拍设备、纸箱及购买的面粉、肉馅等再次来到 13 号院，訾北佳以喂狗为由，要求卫全峰等人将浸泡后的纸箱板剁碎掺入肉馅，制作了 20 余个纸馅包子。与此同时，訾北佳密拍了卫全峰等人制作纸馅包子的过程。在节目后期制作中，訾北佳采用剪辑画面、虚假配音等方法，编辑制作了虚假电视专题片《纸做的包子》，并隐瞒事实真相，使该虚假电视节目于 2007 年 7 月 8 日在北京电视台播出，造成恶劣影响，严重损害了相关行业商品的声誉。

在本案中，訾北佳作为一名记者，应该负有报道事件真实性的义务，但是他自己通过造假，损害被害人的商品声誉，应当承担责任是毋庸置疑的，但是为什么其需要承担刑事责任呢？损害商品声誉罪有三个构成要件:（1）捏造并散布虚伪事实；（2）损害他人的商品声誉；（3）造成重大损失或者具备其他严重情节。结合本案，第一，被告制造假新闻并在北京电视台生活节目中心《透明度》中播放，后被多家媒体转载，在社会上引起广泛的关注，其主观上故意，行为上属于捏造并散布虚伪事实；第二，一般而言，散布虚假信息，主要来自竞争对手，为了削弱对方的竞争力，但是本案被告作为新闻行业从业人员，通过该视频的传播，实质上给整个包子行业的声誉造成了负面影响；第三，从客观上，在“纸馅包子”虚假新闻播出之后，老百姓受其影响对整个包子行业顿起疑虑，全行业的经营惨淡，訾北佳的行为已经严重损害到了该类商品的生产者、经营者的声誉。真实性是新闻的灵魂和生命力，是新闻工作者恪守的道德信条，而被告作为一名新闻工作者公然违反新闻道德准则，公然造假，已经符合入罪标准。

法律援引：

损害商业信誉、商品声誉罪。《刑法》第二百二十一条规定：捏造并散布虚伪事实，损害他人的商业信誉、商品声誉，给他人造成重大损失或者有其他严重情节的，处二年以下有期徒刑或者拘役，并处或者单处罚金。

除此之外，因违反言论自由而违反刑法的还有以下几种情况：

（1）颠覆国家政权罪。《刑法》第一百零五条规定，以造谣、诽谤或者其他方式煽动颠覆国家政权、推翻社会主义制度的，处五年以下有期徒刑、拘役、管制或者剥夺政治权利；首要分子或者罪行重大的，处五年以上有期徒刑。

（2）诬告陷害罪。刑法第二百四十三条规定，捏造事实诬告陷害他人，意图使他人受刑事追究，情节严重的，处三年以下有期徒刑、拘役或者管制；造成严重后果的，处三年以上十年以下有期徒刑。国家机关工作人员犯前款罪的，从重处罚。不是有意诬陷，而是错告，或者检举失实的，不适用前两款的规定。

（3）虚假广告罪。刑法第二百二十二条规定，广告主、广告经营者、广告发布者违反国家规定，利用广告对商品或者服务做虚假宣传，情节严重的，处二年以下有期徒刑或者拘役，并处或者单处罚金。

（4）编造、故意传播虚假恐怖信息罪。刑法第二百九十一条规定，编造虚假的险情、疫情、灾情、警情，在信息网络或者其他媒体上传播，或者明知是上述虚假信息，故意在信息网络或者其他媒体上传播，严重扰乱社会秩序的，处三年以下有期徒刑、拘役或者管制；造成严重后果的，处三年以上七年以下有期徒刑。

（5）诽谤罪。刑法第二百四十六条规定，以暴力或者其他方法公然侮辱他人或者捏造事实诽谤他人，情节严重的，处三年以下有期徒刑、拘役、管制或者剥夺政治权利。

三、行政处罚

【案例呈现】

毒西瓜案件

2018 年 5 月 25 日，柳江的覃某在一个微信群里看到有人发布“有十三名男女生因吃西瓜感染 sk5 病毒死亡，某权威媒体已经播出”的消息，立刻转发到他所加入的微信群，同时号召大家少买西瓜。柳江警方迅速展开调查，确认了该消息为假消息。但该谣言在网络上已被大量转发并扩散。根据《治安管理处罚法》第二十五条规定，覃某未经调查而直接将微信群信息转发至其他群里，客观上已经造成了该地区的恐慌，因此，警方认定覃某构成散布谣言违法行为。

【案例呈现】

狼牙山五壮士

2013 年 8 月 27 日，新浪微博网民张广红发布信息称：“狼牙山五壮士实际上是几个土八路，当年逃到狼牙山一带后，用手中的枪欺压当地村民，致当地村民不满。后来村民将这 5 个人的行踪告诉日军，又引导这 5 个人向绝路方向逃跑……”网民张广红被抓获后，承认自己虚构信息、散布谣言的违法事实，被警方依法行政拘留 7 日。

这两起案例的共同点就在于通过网络传播。随着微信、微博、QQ 空间等网络载体的出现，公众利用网络越来越便捷。从一开始利用网络传播个体的日常生活，到逐渐转发一些公众事件，再到评论公众事件，在此过程中就出现了从隐私走向公众的转变。对公众事件的评论与转发，扩大受知群体，是公民行使言论自由的一种方式，对于扩大公众的知情权、监督权、参与权起到积极的作用；但是，无可否认，网络不是自动净化器，无法及时过滤错误的、甚至是有意误导的消息，而这些消息的传播使公众失去了普通的判断力，形成被网络所引导的局面。上述案例以及我们所知的彭宇案件（尽管尚不构成违反行政法，但是舆论背后的力量可能是当时新闻发布者无法估量的）都可以看到言论的潜在威力，所以，在公共平台上，如微信、微博、QQ空间等发布消息，除非设置了仅个人看到，或者发布不得转载声明，除此之外的消息均为不特定的人知晓，都有可能被鼠标一点，全国皆知。

法律援引：

《治安管理处罚法》第二十五条规定，有下列行为之一的，处五日以上十日以下拘留，可以并处五百元以下罚款；情节较轻的，处五日以下拘留或者五百元以下罚款：（一）散布谣言，谎报险情、疫情、警情或者以其他方法故意扰乱公共秩序的；（二）投放虚假的爆炸性、毒害性、放射性、腐蚀性物质或者传染病病原体等危险物质扰乱公共秩序的；（三）扬言实施放火、爆炸、投放危险物质扰乱公共秩序的。

四、民事责任

【案例呈现】

河北省保定市人民检察院诉霍某侵害凉山烈士名誉权、荣誉权民事公益诉讼案

2019年3月31日下午，在四川省凉山州发生森林火灾救援现场，因风力风向突变，突发林火爆燃，27名森林消防指战员和3名地方扑火队员在扑火行动中壮烈牺牲。4月2日，国家应急管理部、四川省人民政府批准这30名同志为烈士。社会各界对凉山牺牲的烈士纷纷表示哀悼。同日，被告霍某辉在其微信朋友圈中对凉山烈士救火牺牲一事公然发布带有侮辱性的不当言论，诋毁凉山烈士的品德和形

象。后被微信公众号“保定爆料王”截图爆料，引发了广大网民的愤慨。

2019年4月2日，保定市莲池区人民检察院发现该线索，同日移送保定市人民检察院，经初步调查，保定市检察院于7月24日立案，启动公益诉讼案件办理程序，并积极开展调查取证工作。7月31日，保定市检察院依法履行民事公益诉讼诉前程序，在媒体上发布公告，告知四川省凉山30名救火英雄的亲属可以就霍某发表侮辱烈士言论的行为提起民事诉讼，公告期限届满，30名救火英雄的亲属未提起民事诉讼。

8月30日，保定市检察院依法向保定市中级人民法院提起民事公益诉讼，要求追究被告霍某侵害凉山英雄烈士名誉权、荣誉权的民事责任，请求判令被告通过国家级媒体公开赔礼道歉，消除影响。9月24日，保定市中级人民法院公开开庭审理本案并当庭宣判，支持了检察机关的诉讼请求。霍某当庭表示不上诉，并当众宣读致歉信，对自己发表侮辱性言论的违法行为深感后悔，希望得到英雄烈士的亲属及广大社会公众的原谅。

【案例呈现】

“狼牙山五壮士”名誉权纠纷案

（［2015］西民初字第27842号）

2013年11月8日，洪振快在《炎黄春秋》杂志发表了《“狼牙山五壮士”的细节分歧》（以下简称《细节》）一文。该文分为“在何处跳崖”“跳崖是怎么跳的”“‘五壮士’是否拔了群众的萝卜”等部分。文章通过援引不同来源、内容、时期的报刊资料等，对“狼牙山五壮士”事迹中的细节提出质疑。

文章发表后，“狼牙山五壮士”中的葛振林之子葛长生、宋学义之子宋福保认为，《细节》一文以历史考据、学术研究为幌子，以细节否定英雄，企图达到抹黑“狼牙山五壮士”英雄形象和名誉的目的。据此，葛长生、宋福保于2015年8月25日，分别诉至北京市西城区人民法院，请求判令洪振快停止侵权、公开道歉、消除影响，要求被告在其新浪微博上公开道歉，并在《人民日报》《解放军报》《中国日报》、人民网、新浪网、搜狐网、财经网公开向原告赔礼道歉，消除影响，并向宋学义等狼牙山五壮士在天英灵登报谢罪。被告认为，其所发表的文章是学术文章，没有侮辱性的言辞，且文章每一个事实的表述都有相应的根据，而不是凭空捏造或者歪曲，不构成侮辱和诽谤。进行历史研究的目的是探求历史真相，行使的是宪法赋予公民的思想自由、学术自由、言论自由权利，任何人无权剥夺。法院最后判决被告洪振快败诉。

两则案例共同点是对英烈发表了不正当的言论。前一个案例由检察机关提起公益诉讼；后一个案例由被侵权人的亲属提起诉讼。近年来，对调侃烈士、对烈士发表不正当言论、烈士名字注册商标等事件时有发生。英烈不仅是个人，更是一个国家、一个民族的精神内核，英烈是为了维护国家、集体和他人的利益而牺牲自己的生命的，应该被全民族所尊崇，他们是国家的精神支柱和宝贵的精神财富。在法律层面上，任何公民无论是在发表言论或者进行学术研究时，都不得超越自由的界定，这既是法治国家和法治社会对公民的基本要求，又是任何一个公民应该承担的社会责任；在道德层面上，尊崇英烈也是社会主义核心价值观的一个重要内涵。

除了烈士的名誉权和荣誉权，公民在发表言论时，也不能侵犯其他人的名誉权、荣誉权。

法律援引：

《民法总则》(《民法典》)第一百八十五条：侵害英雄烈士等的姓名、肖像、名誉、荣誉，损害社会公共利益的，应当承担民事责任。

除此之外，民法中关于侵犯言论自由的法律规范还有：

《民法总则》(《民法典》)第一百一十条：自然人享有生命权、身体权、健康权、姓名权、肖像权、名誉权、荣誉权、隐私权、婚姻自主权等权利。法人、非法人组织享有名称权、名誉权和荣誉权。

五、违反精神文明建设

【案例呈现】

贝儿好（北京）科技有限责任公司与广州盛成网络科技有限公司名誉权纠纷上诉案

（［2014］三中民终字第04050号）

2013年8月，贝儿好公司起诉至原审法院称：www.bjmama.com是盛成公司经营的网站。该网站于2011年11月18日登载了网友wyr201109发布的《所谓的“贝儿好通乳”，各位妈妈一定擦亮眼睛！》的帖子。该帖自发布以来，截至2013年7月16日浏览量达到5 723次，跟帖达到45次。该帖及跟帖中含有大量对我公司的侮辱、诽谤性语言，如“上当”“忽悠”“黑心的商家”“深受其害”“揉坏”“杀猪”等，给我公司造成巨大的经济损失及严重的声誉损害。

就本案而言，如果网友wyr201109发布的这篇帖子里有不当言论，那么作为刊载该帖子的盛成公司就有义务负责删帖；如果没有不当言论，仅仅是就事论事，则盛成公司就可以保留该帖。因此在一位消费者针对商家的服务提出的感想而发布的帖子中运用了“上当”“忽悠”“黑心的商家”“深受其害”“揉坏”“杀猪”等用语是否构成不当言论则是本案审理的核心。

一审法院认为，言论自由与名誉权彼此之疆界，在不同的国家以及同一国家的不同历史时期差异较大，实无法一概而论之。在我国目前阶段，互联网提供了自由发表言论的广阔空间，普通公众向全社会表达愿望获得了前所未有的技术支持；在这一背景下，民事司法亦更应为加强对言论自由的保护提供支持，以免人为地在社会发展的道路上设置障碍。因此，一审法院认为，言论自由要更大限度保护，不要人为地设置言论自由的障碍，也就是说网友发表的这篇文章，是其作为消费者体验后的感受，并无不当。

二审法院也认为网友的这篇文章以及文章后的跟帖本身只是自己作为客户体验后发表的感受和评价，没有侮辱和诽谤性的言语。但是二审法院仍然撤销了一审法院的判决，判令盛成公司删除该帖。原因就在于该言论违反了精神文明建设。

二审法院认为，言论自由重点保护的是公民言论的思想内容的自由，而非言论思想内容所附着载体的自由。也就是说，言论自由是在最大限度内保证公民自由发表不同的思想观点，而并非公民发表思想观点时可以恣意地使用不当言语本身。所以，在本案中，尽管网友是有权利发表自己的观点，但是不代表在发表观点时可以随意使用言语。法院认为，涉案网帖及跟帖中存在“杀猪”“黑心”“害人”“上当”“无良”“骗钱”等言语，该言语的使用未体现出相互尊重和尊重网上道德，是对网站服务条款和论坛总则的违反，存在言语本身的不当。根据《中华人民共和国国家通用语言文字法》第五条规定，国家通用语言文字的使用应当有利于维护国家主权和民族尊严，有利于国家统一和民族团结，有利于社会主义物质文明建设和精神文明建设。公民在使用言语时应遵从有利于精神文明建设的原则。据此，公民在使用语言文字表达观点时要使用规范性和文明性言语。尤其是针对网络用语，因为网络具有隐蔽性、传播速度的迅捷性等特点，网友可以非实名制发表自己的观点，由于网络不受时空限制，传播速度快，会给商家带来一定的影响，因此在网络上发表言论应该保持高度的审慎态度。

综上所述，公民在行使言论自由时，切记要注意言语得当，高度审慎，否则可能会引起不必要的纠纷，承担法律责任。

难点篇

如何理解社会主义法律的本质

——以社会主义核心价值观在司法实践中运用为例

我国社会主义法律，是在中国共产党领导的新民主主义革命时期孕育，在中华人民共和国成立后不断形成和发展起来的。从本质上说，我国社会主义法律是中国特色社会主义制度的重要组成部分，是党领导人民当家作主的制度保障，具有科学性和先进性，体现了党的主张和人民意志的统一，是中国特色社会主义建设的重要保障。现以社会主义核心价值观在司法实践中的运用为例，阐述对社会主义法律本质的理解。

社会主义核心价值观具体包括了富强、民主、文明、和谐，自由、平等、公正、法治，爱国、敬业、诚信、友善这12个方面。习近平总书记指出，要把社会主义核心价值观的要求转化为具有刚性约束力的法律规定，用法律来推动社会主义核心价值观建设。

一、社会主义核心价值观在立法中的体现

《宪法》第五条规定，中华人民共和国实行依法治国，建设社会主义法治国家。第二十四条规定，国家倡导社会主义核心价值观，提倡爱祖国、爱人民、爱劳动、爱科学、爱社会主义的公德，在人民中进行爱国主义、集体主义和国际主义、共产主义的教育，进行辩证唯物主义和历史唯物主义的教育，反对资本主义的、封建主义的和其他的腐朽思想。

《民法典》第一条规定，为了保护民事主体的合法权益，调整民事关系，维护社会和经济秩序，适应中国特色社会主义发展要求，弘扬社会主义核心价值观，根据宪法，制定本法。除此之外，对涉及核心价值观内容的条款还有以下几条：第七条规定，民事主体从事民事活动，应当遵循诚信原则，秉持诚实，恪守承诺。第八条规定，民事主体从事民事活动，不得违反法律，不得违背公序良俗。第九条规定，民事主体从事民事活动，应当有利于节约资源、保护生态环境。第十六条规定，涉及遗产继承、接受赠与等胎儿利益保护的，胎儿视为具有民事权利能力。但是胎儿娩出时为死体的，其民事权利能力自始不存在。第二十九条规定，被监护人的父母担任监护人的，可以通过遗嘱指定监护人。第一百一十一条规定，自然人的个人信息受法律保护。任何组织和个人需要获取他人个人信息的，应当依法取得并确保信息安全，不得非法收集、使用、加工、传输他人个人信息，不得非法买卖、提供或者公开他人个人信息。第一百八十四条规定，因自愿实施紧急救助行为造成受助人损害的，救助人不承担民事责任。

《英雄烈士保护法》第一条规定，为了加强对英雄烈士的保护，维护社会公共利益，传承和弘扬英雄烈士精神、爱国主义精神，培育和践行社会主义核心价值观，激发实现中华民族伟大复兴中国梦的强大精神力量，根据宪法，制定本法。第三条规定，英雄烈士事迹和精神是中华民族的共同历史记忆和社会主义核心价值观的重要体现。

此外，《广告法》第七十四条，《公共文化服务保障法》第一条、第三条，《电影产业促进法》第一条，《网络安全法》第六条，《教育法》第六条，《公务员法》等立法中均将“社会主义核心价值观”置于总的位置，作为该法律的核心和原则。

《民法典》以“保护产权、维护契约、统一市场、平等交换、公平竞争”等为基本导向；以完善社会主义市场经济法律制度，确立平等、公平、意思自治、诚信、公序良俗等基本原则；以回应工业文明带来的生态破坏、环境危机、资源紧张，适应可持续发展要求，民事主体从事民事活动，应当有利于节约资源、保护生态环境，贯穿物权、合同、侵权各编；以“树立优良家风、弘扬家庭美德、重视家庭文明建设”为原则，增加协议离婚冷静期制度等，这些内容与社会主义核心价值观所凝聚的价值观念高度契合，无疑成为最能反映国人对核心价值认知“最大公约数”的宣言书和保障书。

二、社会主义核心价值观入法的意义

（一）新时代坚持和发展中国特色社会主义的需要

中国特色社会主义必须建立在中国的道路、理论、制度、文化基础上，必须形成一套与其经济发展与制度建构相融合的并能形成高度社会认同的核心价值观。在立法中对倡导社会主义核心价值观加以规定，使其在思想层面、实践层面、观念层面、社会制度层面有了宪法和法律的保障，增强了坚持中国特色社会主义的道路自信、理论自信、制度自信、文化自信，有利于确保中国特色社会主义始终沿着正确方向胜利前进，不断展现出更加强大的生命力。[①]

我们要以习近平新时代中国特色社会主义思想为指导，坚持全面依法治国，坚持社会主义核心价值体系，着力把社会主义核心价值观融入法律法规的立改废释全过程。我们还要确保各项立法导向更加鲜明、要求更加明确、措施更加有力，力争经过5到10年时间，推动社会主义核心价值观全面融入中国特色社会主义法律体系，筑牢全国各族人民团结奋斗的共同思想道德基础，为决胜全面建成小康社会、夺取新时代中国特色社会主义伟大胜利、实现中华民族伟大复兴的中国梦、实现人民对美好生活的向往，提供坚实制度保障。

---

① 胡业勋：《解读宪法修正案之十四社会主义核心价值观写入宪法，更好构筑中国精神》，《中国纪检监察报》，2018年4月。

(二)法治文化建设的内在需要

党的十九大报告指出,社会主义核心价值观是当代中国精神的集中体现,凝结着全体人民共同的价值追求;培育和践行社会主义核心价值观,不断增强意识形态领域主导权和话语权,推动中华优秀传统文化创造性转化、创新性发展,继承革命文化,发展社会主义先进文化,不忘本来、吸收外来、面向未来,更好构筑中国精神、中国价值、中国力量,为人民提供精神指引。一个国家的法律与本国的历史、文化、政治、经济、人文等密切相关,国家通过立法表达了法律内在的精神、文化和价值,也是一国法律与他国法律的本质区别。核心价值观是一国文化的灵魂,社会主义核心价值观根植于中华优秀传统文化;与中国的文化、民族和这个国家人民正在进行的奋斗相结合;同这个国家需要解决的时代问题相适应。法治文化需要服务于中国特色社会主义建设。

(三)解决法律问题现实的需要

我们要把社会主义核心价值观融入法治建设中去,将价值、法律和技术统一起来,使价值问题法律化、法律问题制度化、制度问题程序化、程序问题技术化、技术问题价值化,从而使社会主义核心价值观有序地进入法律层面,再由法律层面落实到社会实践和生活之中,用社会主义核心价值观规范法律秩序,进而在立法、司法中贯彻、落实社会主义核心价值观。

通过完善名誉权、荣誉权,加强对英雄烈士名誉权、荣誉权保护,体现核心价值观中的爱国、敬业、文明、和谐;通过完善婚姻、家庭纠纷制度,弘扬中华民族传统家庭美德,促进夫妻和谐、家庭和睦;通过完善有关诉讼法的司法解释,平等保障当事人诉讼权利,体现平等、公正、民主、法治的核心价值并进行规定;出台防卫过当的认定标准、处罚原则和见义勇为相关纠纷的法律适用标准,鼓励正当防卫,保护见义勇为者的合法权益,弘扬社会正气,体现正义、友善、互助的社会主义核心价值并进行规定;修订完善生产销售伪劣商品犯罪、危害食品药品安全犯罪等刑事案件相关法律法规，对防范惩治虚假诉讼，体现诚实守信的社会主义核心价值做出规定；完善房地产纠纷案件司法解释，确保国家房地产政策的有效执行；要完善金融犯罪、金融纠纷案件司法解释，维护国家金融安全，防范金融风险；要修订完善破产法司法解释，服务供给侧结构性改革，体现富强、创新、开放、绿色的社会主义核心价值和新发展理念并做出规定。

四、核心价值观在司法中的体现列举①

（一）核心价值：让助人为乐行为不再犹豫

【案例呈现】

刘某某、郭某丽、郭某双诉孙某、某物业公司生命权纠纷案

（撞伤儿童离开被阻猝死索赔案）

郭某林在某小区骑自行车时将在小区内玩耍的五岁男童罗某某撞倒在地，造成罗某某右颌受伤出血。同为该小区居民的孙某见状后，马上找人联系罗某某家长，并告知郭某林应等待罗某某家长前来处理。郭某林称是罗某某撞了自己，欲先离开。因此，郭某林与孙某发生言语争执。孙某站在自行车前阻拦郭某林，不让郭某林离开。郭某林情绪激动，称此事应交由110处理，随后将自行车停好，并坐在石墩上等候，郭某林坐下后不到两分钟即倒地。孙某拨打120急救电话，医护人员赶到现场即对郭某林实施抢救。郭某林经抢救无效，因心脏骤停死亡。刘某某、郭某丽、郭某双作为郭某林的配偶及子女，起诉请求法院判令孙某及小区物业公司承担赔偿责任共计40余万元，并要求孙某赔礼道歉。

孙某、物业对郭某林死亡是否需承担侵权责任，可以从以下几方面分析：其一，孙某、物业对郭某林死亡是否有过错；其二，孙某、物业是否故意或者过失造成了郭某林的死亡；其三、郭某林的死亡是否与孙某、物业有因果关系；其四，是

① 根据《司法裁判如何弘扬价值观？10个案例给出答案》改编，人民网，2020年5月13日。

否有损害结果的发生。本案中，孙某对郭某林的死亡不存在故意或者过失，因为孙某是看到郭某林将罗某某撞倒在地后，让郭某林等待罗某某的家长前来处理相关事宜，其目的在于保护儿童利益，该行为符合常理，不具有违法性；孙某与郭某林之间不存在激烈的言辞冲突与过激的肢体冲突，郭某林因为心脏病突发死亡，孙某与郭某林的死亡不具备因果关系，且事情发生后，孙某及时拨打 120。综上，孙某对郭某林的死亡不承担侵权责任。

本案的核心是向社会公众明确传递出法律保护善人善举的信号，因此助人为乐行为可不再犹豫，这对于弘扬诚信相待、友善共处、守望相助的社会主义核心价值观起到积极的宣传和引导作用。

（二）核心价值：维护社会公德、文明交往

【案例呈现】

某公司、黄某诉邵某名誉权纠纷案
（微信群发表不当言论名誉侵权案）

某公司在某小区开有一家美容店，黄某系该公司股东兼任美容师，邵某系该小区业主，邵某因美容服务问题在美容店内与黄某发生口角。邵某利用其小区业主微信群群主的身份，在双方发生纠纷后多次在业主微信群中散布谣言，对某公司、黄某进行造谣、诽谤、污蔑、谩骂，并将黄某从业主群中移出，某公司生意因邵某的行为严重受损。为此，某公司、黄某向法院起诉请求法院判令邵某赔礼道歉、消除影响、恢复名誉，同时要求邵某赔偿损失及精神抚慰金共计 3 万元。

公民、法人享有名誉权，公民、法人的人格尊严受法律保护，禁止用侮辱、诽谤等方式损害公民、法人的名誉。本案，邵某使用黄某照片作为配图，其对某公司、黄某使用了贬损性言辞，构成了不当言论的传播。在互联网时代，网络传播的速度迅速，且微信群本身具有公开性，其对象是不特定的，因此，邵某的行为足以使不特定的人对黄某的人格加以否定性的认定。该案

之所以作为最高法举例性案例，是因为该案例传递了国家加强、加大保护名誉权的力度的信号，而且无论是普通人的名誉还是英雄的名誉，国家都会加强、加大保护力度。

（三）核心价值：遵守诚实守信、维护网络秩序

【案例呈现】

常某某诉许某网络服务合同纠纷案

（“暗刷流量”合同无效案）

许某通过微信向常某某寻求“暗刷的流量资源”，双方协商后确认常某某为许某提供网络暗刷服务，许某共向常某某支付 3 次服务费共计 1 万余元。常某某认为，根据许某指定的第三方 CNZZ 后台数据统计，许某还应向常某某支付流量服务费 30 743 元。许某以流量掺假、常某某提供的网络暗刷服务本身违反法律禁止性规定为由，主张常某某无权要求支付对价，不同意支付上述款项。常某某将许某诉至北京互联网法院，请求判令许某支付服务费 30 743 元及利息。

此案是全国首例涉及“暗刷流量”虚增网站点击量的案件。“暗刷流量”实际上是用合法手段掩盖非法目的。北京互联网法院认为，“暗刷流量”的行为违反商业道德底线，使得同业竞争者的诚实劳动价值被减损，破坏正当的市场竞争秩序，侵害了不特定市场竞争者的利益，同时也会欺骗、误导网络用户选择与其预期不相符的网络产品，长此以往，会造成网络市场“劣币驱逐良币”的不良后果，最终减损广大网络用户的利益。常某某与许某之间“暗刷流量”的交易行为侵害广大不特定网络用户的利益，进而损害了社会公共利益、违背公序良俗，其行为应属绝对无效。

（四）核心价值：弘扬中华孝道

【案例呈现】

高某翔诉高甲、高乙、高丙继承纠纷案

（自愿赡养老人继承遗产案）

高某启与李某分别系高某翔的祖父母，高某翔没有工作，专职照顾高某启与李某生活直至二人去世，高某启与李某后事由高某翔出资办理。高某启与李某去世前立下代书遗嘱，主要内容为因高某翔照顾老人，二人去世后将居住的回迁房屋送给高某翔。高甲、高乙、高丙为高某启与李某的子女，案涉回迁房屋系高某启、李某与高甲交换房产所得。高甲、高乙、高丙认为案涉代书遗嘱的代书人是高某翔的妻子，且没有见证人在场，遗嘱无效。高某翔以上述三人为被告提起诉讼，请求确认高某启、李某所立案涉遗嘱合法有效，以及确认其因继承取得案涉回迁房屋的所有权。

根据《继承法》第十七条规定，代书遗嘱应当有两个以上见证人在场见证，由其中一人代书，注明年、月、日，并由代书人、其他见证人和遗嘱人签名。第十八条规定，下列人员不能作为遗嘱见证人：（一）无行为能力人、限制行为能力人；（二）继承人、受遗赠人；（三）与继承人、受遗赠人有利害关系的人。本案，高某翔妻子作为代书人，是违反法律强制性规定的，遗嘱无效。本案应当按照法定继承处理。但是，高某翔专职侍奉生病的祖父母多年直至老人病故，使老人得以安享晚年，高某翔几乎尽到了对高某启、李某两位被继承人生养死葬的全部扶养行为，这正是良好社会道德风尚的具体体现，并足以让社会、家庭给予褒奖，如果把高某翔排除在遗产继承人之外，对于高某翔实际上是不公平的，且该判决也不利于未来类似于高某翔的人对老人进行赡养。因此，法院根据《继承法》第十四条的规定，继承人以外的对被继承人扶养较多的人，可以分配给他们适当的遗产，高某翔能够参与遗产分配。本案裁判结合《继承法》的规定对高某翔的赡养行为给予高度肯定，确

定了其作为非法定继承人享有第一顺位的继承权利，并结合其赡养行为对高某翔适当继承遗产的范围进行合理认定，实现了情理法的有机融合，弘扬了团结友爱、孝老爱亲的中华民族传统美德。

法治原则核心：良法善治

——兼议《民法典》相关规定

1999 年第三次宪法修正案，提出中华人民共和国实行依法治国，建设社会主义法治国家，在宪法上确立了法治原则。十八届三中全会决议提出，要推进国家治理体系和治理能力现代化。党的十八届四中全会决议指出，良法是善治之前提。2018 年 8 月 24 日，习近平同志在主持召开的中央全面依法治国委员会第一次会议上再次强调要“使社会主义法治成为良法善治”。良法善治已成为法治的核心要义。什么是良法？又如何实现良法善治？现以《民法典》相关规定为例做阐述。

一、良法含义

法治原则主要源于亚里士多德，他认为法治应当包含两层含义：“已成立的法律获得普遍的服从，而大家所服从的法律又应该本身是制订得良好的法律。”那么何谓良法？亚里士多德认为，法律是根据城邦的利益（而非个体或特定群体）而制定，法律应当符合正义和善，这就是良法；自然法学派则认为，良法是符合自然法的法律，法律的效力来自其合道德性，即他们认为在制定法（实定法）之外应该有一个实质的法价值存在着，这个法价值是独立于实定法存在的，且作为检定此实定法是否有正当性的标准。换句话说，符合正义性和正当性、符合人类道德规律的法律是良法。

党的十八届四中全会提出的良法是指恪守以民为本、立法为民理念，符合宪法精神、反映人民意志、得到人民拥护的法律。具言之，良法的标准表现在三个方面：在法的内容方面，必须合乎调整对象自身的规律；在法的价值方面，必须符合正义并促进社会成员的公共利益；在法的形式方面，必须具有形式科学性。

二、良法在立法中的体现——以《民法典》为例

良法是法治的前提和基础，其首要关注立法层面。2020 年 5 月 28 日，十三届全国人大三次会议以 2 879 票赞成、2 票反对、5 票弃权，高票表决通过《中华人民共和国民法典》，该法将于 2021 年 1 月 1 日起施行。这部民法典是对良法最好的诠释。

（一）内容上，反映人民的意志和根本利益

良法首先应当维护广大人民的权利和利益，保障人民的权利，得到人民的拥护。为此，《民法典》坚持“开门立法”，把公正、公平、公开原则贯穿于立法全过程，尽力扩大民众参与，充分听取各方面意见，广泛汇集民众的意见和智慧。在《民法典》制定过程中，全国人大法工委先后下发了 10 次征求意见稿，收到了 42.5 万人次提出的 102 万条征求意见。

1. 重视人身权保障

人身权和财产权是民法调整的两大内容。1984 年的《民法通则》第二条规定，中华人民共和国民法调整平等主体的公民之间、法人之间、公民和法人之间的财产关系和人身关系。可以发现，在表述规范调整民事主体关系时，是先财产关系再人身关系。但《民法总则》和《民法典》却用了“民法调整平等主体的自然人、法人和非法人组织之间的人身关系和财产关系”，虽然“和”包含了并列的意义，但“人身”“财产”细微的顺序调整，却在立法上体现了国家对人身权的重视，重视人民意志的法律保障。

2. 人格权独立成编——中国特色民法典创新

《民法典》中最为瞩目的当属人格权独立成编。就中国而言，在《民法总则》和《民法通则》中均将人格权置于人身权项下，再如《德国民法典》在制定的过程中，当时德国历史法学派代表萨维尼就拒绝承认一般人格权。他认为，人无法就自己的精神利益享有所有权，并且也无法支配自己的身体和肢体，所以，《德国民法典》中关于人格权的规定只有几个条文，人格权制度的完善是通过判例来确认。除此，世界上两大法系也没有将人格权独立成编的惯例。

那么，我国之所以将人格权独立成编，主要基于以下方面原因：(1)人权运动的发展，各国立法都强化了对人格权的保护。人权主要包含了政治权利和民事权利，而人格权是民事权利的重要内容。(2)加强了民本思想。随着现代化进程的深入，人们认识到现代化的核心应当是以人为本，人格尊严、人身价值和人格完整应该置于比财产权更重要的位置，它们是最高的法益。财产是个人的，但人是属于社会的，人身安全、人的尊严等涉及社会利益。(3)科技的发展对隐私权等传统民法提出了新的挑战。随着科技的不断发展，通过大数据，人成为一个透明人。比如，这次为抗击疫情，全国均在使用“随申码”，这是全民抗击疫情，为社会公共利益，让渡了一部分个人的隐私；但此后，杭州宣布扩大“随申码”的使用范围，引起了部分人的质疑，其原因就在于此。未来，拥有这些技术的主体，则应该关注如何保护公民的信息。

《民法典》专门设一篇，共五十二条，从织密个人信息保护网，到保障私人生活“安宁权”，从建立反性骚扰制度防线，到应对基因编辑等新技术对伦理的挑战，人格权编均划出了法律的“红线”，突出了对自然人权利的充分尊重和保护，也弥补了传统大陆法系“重物轻人”的体系缺陷。作为回应互联网、大数据、高科技等科学进步带来的问题，针对网络时代带来的侵害个人信息现象，《民法典》规定了个人信息的保护规则，首次将数据、网络虚拟财产等纳入保护范围。

(二)在法律价值方面,体现公平正义,完善对弱势群体的保护

良法在法的价值方面,必须符合正义并促进社会成员的公共利益,这是良法的坚实的价值根基。完备的法律规范体系应当统一地贯彻社会主义法治的基本价值,最关键的是在法律中充分贯彻公平正义的价值理念。这就是说,在立法中要全面贯彻社会主义核心价值观,每一部单行法律、每一个条文都应当体现公平、正义的要求。如约翰·罗尔斯在《正义论》中所指出的:"正义是社会制度的首要价值,正像真理是思想体系的首要价值一样。"①

以居住权为例,在《民法典》中有6个条文,具体包括了居住权是意定权,通过当事人的双方约定;居住权是无偿的;居住权具有专有性,即居住权不得转让、继承;设立居住权的住宅不得出租;居住权登记制度等。

居住权本义是指以居住为目的,对他人的住房及附属设施所享有的占有与使用,以满足权利人居住需求而设立的用益物权,这是它与租赁合同所致的债权相区别的根本原因。在以往的民事法律制度中,不存在独立的居住权问题,居住权是与所有权或者是承租权相配套的权利。但是在实践中,确实存在居住权纠纷。比较突出的是三种情况:其一,在以房养老的案例中,有些老人的房产所有权已经转移,但是因为他们只有唯一的一套住房,如何解决在有生之年居住的问题,在实践中,只有通过法院裁判文书方式确认。其二,在租赁案件中,承租人在租赁期间死亡,对于共同居住人,是否还继续享有承租权。其三,在离婚案件中,对于有生活困难的夫妻一方,通过设立居住权,既不用将属于夫妻一方个人财产的房产分割出去,又能解决弱势一方的住房保障问题。而这些问题的核心是高房价的现实。

作为此次民法典制度创新的居住权制度,针对目前高房价现实,有助于解决低收入群体以及其他弱势群体的住房问题和弥补现有住房保障制度不

---

① 波塔利斯等:《法国民法典开篇:法国起草委员会在国会面前的关于民法典草案的演讲》,载王利明:《法治:良法与善治》,《中国人民大学学报》,2015年第2期。

足，这正是《民法典》回应“住有所居”时代需求的例证。居住权制度的设立将房屋的所有权功能与使用权功能分开，实现对房屋多样化利用与最大化利用，有利于为老年人以房养老提供保障等。

（三）在立法形式上，统一民事法律规范

法律只有实现外在规则体系的一致性、内在价值体系的一致性、逻辑上的自足性以及内容上的全面性，才能有效发挥调整社会生活的作用。美国学者富兰克林指出：“每个法律条文，都表现出存在的理性，而条文的结构整体也呈现出组织的原则。”法律的各部分内容应当相互协调、相互配合，而不能相互冲突。比如，2007 年施行的《物权法》第二十四条规定，船舶、航空器和机动车等物权的设立、变更、转让和消灭，未经登记，不得对抗善意第三人。但是 1995 年施行的《担保法》规定，当事人以本法第四十二条规定的财产抵押的，应当办理抵押物登记，抵押合同自登记之日起生效。其中第四十二条就包含了以航空器、船舶、车辆抵押的。这里主要的区别在于物权法规定登记不是生效要件，而是对抗要件，但是担保法规定登记是生效要件。担保法和物权法虽然通过时间不同，但是层级一样。因此，《民法典》的生效，完全可以避免此类问题的产生。

（四）符合社会发展需要

为了落实十九大和十九届四中全会精神，体现新时代推进经济体制改革的要求，中共中央、国务院发布《关于构建更加完善的要素市场化配置体制机制的意见》（2020 年 3 月 30 日），提出“完善要素市场化配置是建设统一开放、竞争有序市场体系的内在要求，是坚持和完善社会主义基本经济制度、加快完善社会主义市场经济体制的重要内容”。为了加强市场经济法律制度建设，推进资源配置的市场化，《民法典》“物权编”中的规定为不动产统一登记制度改革、担保物权统一登记制度改革、增进土地使用权利及其价值

流转提供制度帮助和保障。[①]

尤其需要指出，此次《民法典》为进一步推进农地重要资源配置的市场化，适应正在兴起的农业现代化和规模化经营的要求，通过“土地经营权”再分离，提供土地经营权市场化基础，将农村土地的三权分置写入基本法。实施“三权分置”的重点是放活经营权，核心要义就是明晰赋予经营权应有的法律地位和权能。在《民法总则》第三编中第三百三十九条至第三百四十三条规定了农村土地的“三权分置”。在传统的农村土地法律中，只有所有权和承包权，所有权归集体，承包经营权归农户，承包权与农村户籍联系在一起，不利于盘活土地。随着社会的不断发展，为了提高承包经营利用率，提出了三权分置理论，即所有权归集体，承包权归农户，经营权归土地经营权人。作为所有权人的集体有权发包、调整、监督、收回承包土地；农民如果想转让土地承包权，应当在本集体经济组织内进行，并经农民集体统一进行处理；土地承包经营权人可以自主决定依法采取出租、入股或者其他方式向他人流转土地经营权；土地经营权人有权使用流转土地从事农业生产经营并获得相应的收益。

三、善治的含义

党的十八届三中全会指出，全面深化改革的总目标是完善和发展中国特色社会主义制度，推进国家治理体系和治理能力现代化。国家治理体系和治理能力现代化离不开法治治理的现代化，善治是法治的有力保障，其强调执法和司法层面，即法治能够为民众所普遍遵守，能够有效地规范社会行为、调节社会关系、平衡社会利益、化解社会矛盾、维护社会稳定。良法善治是全面依法治国、实现国家治理体系和治理能力现代化的必然选择。善治的本质特征，就在于它是政府与公民对公共生活的合作管理，是政治国家与公民社会的一种新型关系，是两者的最佳状态，是使公共利益最大化的社会

---

① 龙卫球:《中国民法典的有为和有所不为》,《中国法律评论》,2020 年第 2 期。

管理过程和管理活动。

四、善治在法律实施过程中体现

“高空抛物”责任认定一直备受争议。有数据表明，一个 30 克的蛋从 4 楼抛下来就会让人起肿包；从 8 楼抛下来就可以让人头皮破损；从 18 楼抛下来就可以砸破行人的头骨；从 25 楼抛下可使人当场死亡。可见，高空抛物对人身的危害极大。但是高空抛物侵权责任人不容易找到是高空坠物案件处理中的难点，其主要是确定被告的难度较大，《侵权责任法》第 87 条规定：“从建筑物中抛掷的物品或从建筑物上坠落的物品造成他人损害，难以确定具体侵权人的，除能够证明自己不是侵权人的外，由可能加害的建筑物使用人给予补偿。”

2013 年，一名在贵州遵义打工的男子被一块从天而降的砖头砸中头部身亡。因无法找到真凶，死者家属将可能丢砖头的全楼 46 户住户以及物管公司等一并告上法庭。2015 年 6 月，遵义红花岗区法院判决可能丢砖头的全楼 46 户住户平均承担补偿责任，每户被判赔 3 000 元，物管公司同样担责，类似案件还不止一例。一家抛物，全楼承担责任，这个理论更强调对受害人的救济。但是从承担责任人来看，让许多无辜的人共同补偿，造成实质不公平，而对于真正的加害人却造成了放纵。每一个人都为自己的行为负责，而没有行为就要承担责任，客观上造成了高空坠物案件的执行率低。

所以，此次《民法典》考虑了责任人和受害人的各方利益，《民法典》第一千二百五十四条规定，禁止从建筑物中抛掷物品。从建筑物中抛掷物品或者从建筑物上坠落的物品造成他人损害的，由侵权人依法承担侵权责任；经调查难以确定具体侵权人的，除能够证明自己不是侵权人的外，由可能加害的建筑物使用人给予补偿。可能加害的建筑物使用人补偿后，有权向侵权人追偿。物业服务企业等建筑物管理人应当采取必要的安全保障措施防止前款规定情形的发生；未采取必要的安全保障措施的，应当依法承担未履行安全保障义务的侵权责任。发生本条第一款规定的情形的，公安等机关应当依法及时调查，查清责任人。

与侵权责任法不同之处在于，《民法典》对集体责任更多地做出了限制性规定。(1)集体责任人享有追偿权。理论上讲侵权行为人是可以确定的，可能加害的建筑物使用人在补偿后，有权向侵权人追偿。(2)增加公权力机关介入。对于高空抛物，举证责任倒置，对个体来讲难度大，增加了公权力机关的介入，强化了有关机关“查清责任人”的法律责任。(3)强化了责任的分摊。强化了物业等建筑物管理人的责任，未采取安全保障措施就要担责。

从以上的分析中，可以得出结论：良法善治是中国特色社会主义法治的核心。良法是善治的前提和基础。因为只有良法，才能体现科学立法、民主立法，最大限度地获得公民的认可和尊重；才能合理地配置社会资源，合理分配权利义务，明晰权力和责任。善治是良法的保障和目标，只有善治才能体现出良法所蕴含的价值追求和法治治理；才能使法律制度合法地、良好地运作，达到治理体系的现代化。

如何理解中国特色社会主义法治体系

党的十八届四中全会通过了《中共中央关于全面推进依法治国若干重大问题的决定》，将“建设中国特色社会主义法治体系，建设社会主义法治国家”确立为全面推进依法治国的总目标，并明确了“依宪治国、依法行政、公正司法、全民守法，同时加强法治队伍建设和党对全面推进依法治国的领导”等六项重大任务。中国特色社会主义法治体系是十八届四中全会提出的一个新目标、新概念。此前，党的十五大明确提出“依法治国，建设社会主义法治国家”，十六大、十七大报告提出的是形成和完善“中国特色社会主义法律体系”。

一、坚持和完善中国特色法治体系的重大意义

（一）坚持和完善中国特色社会主义法治体系是坚持和发展中国特色社会主义的内在要求

党的十九届四中全会审议通过的《中共中央关于坚持和完善中国特色社会主义制度、推进国家治理体系和治理能力现代化若干重大问题的决定》，强调：“建设中国特色社会主义法治体系、建设社会主义法治国家是坚持和发展中国特色社会主义的内在要求。”中国特色社会主义法治体系，是中国特色社会主义制度在法律上的表现，是中国特色社会主义制度的重要

组成部分。改革开放41年来，中国特色社会主义蓬勃发展，取得了举世瞩目的成就。其中，离不开中国特色社会主义法治体系的引领、规范和保障作用。习近平总书记指出，在我国社会主义实践的后半程，“我们的主要历史任务是完善和发展中国特色社会主义制度，为党和国家事业发展、为人民幸福安康、为社会和谐稳定、为国家长治久安提供一整套更完备、更稳定、更管用的制度体系”。当前，必须加快完善中国特色社会主义法治体系，从法治上解决党和国家事业发展面临的一系列问题，做到重大改革于法有据。

（二）坚持和完善中国特色社会主义法治体系是推进国家治理体系和治理能力现代化的重大举措

习近平总书记指出，法治是国家治理体系和治理能力的重要依托，法治体系是国家治理体系的骨干工程，从而深刻揭示了法治在国家治理中的地位与作用，以及法治与国家治理的深刻关系。实践表明，通过不断深化对共产党执政规律、社会主义建设规律、人类社会发展规律的认识，我们党确立了法治作为治国理政的基本方式，逐步建立健全中国特色社会主义法治体系。只有把党和国家工作纳入法治化轨道，才能使各方面制度更加科学、成熟、完善，进而实现党、国家、社会各项事务治理制度化、规范化、程序化；只有运用制度和法律治理国家，才能最终实现国家治理体系和治理能力的现代化。

（三）坚持和完善中国特色社会主义法治体系是全面推进依法治国的总抓手

建设中国特色社会主义法治体系是全面依法治国总目标的重要组成部分，是建设社会主义法治国家的前提和基础。中国特色社会主义法治体系贯通法治国家、法治政府、法治社会建设各个领域，涵盖立法、执法、司法、守法各个环节，涉及法律规范、法治实施、法治监督、法治保障各个方面，对推进全面依法治国具有纲举目张的重要意义。习近平总书记指出：“全面推进依法治国涉及很多方面，在实际工作中必须有一个总揽全局、牵引各方的总抓手，这个总抓手就是建设中国特色社会主义法治体系。全面依法治国各项工作都要围绕这个总抓手来谋划、来推进。”党的十八大以来，以习近平同志为核心的党中央正是抓住建设中国特色社会主义法治体系这个总抓手，从推进经济社会持续发展、维护人民群众幸福安康、保证党和国家长治久安的战略全局高度，来认识法治、定位法治、布局法治、厉行法治，统筹推进科学立法、严格执法、公正司法、全民守法，迅速开创了全面依法治国新局面。在坚持和完善中国特色社会主义制度、推进国家治理体系和治理能力现代化的新征程上，全面依法治国的任务仍然艰巨繁重，法治领域改革面临许多难啃的硬骨头，必须继续围绕坚持和完善中国特色社会主义法治体系，抓重点、补短板、强弱项，不断将法治中国建设向纵深推进。①

二、中国特色社会主义法治体系的特点

（一）核心是在中国共产党领导下的社会主义法治体系

党的领导是中国特色社会主义最本质的特征，是社会主义法治最根本的保证。把党的领导贯彻到依法治国全过程和各方面，是我国社会主义法治建设的一条基本经验。我国宪法确立了中国共产党的领导地位。坚持党的领导，是社会主义法治的根本要求，是党和国家的根本所在、命脉所在，是全国各族人民的利益所系、幸福所系，是全面推进依法治国的题中应有之义。党的领导和社会主义法治是一致的，社会主义法治必须坚持党的领导，党的领导必须依靠社会主义法治。只有在党的领导下依法治国、厉行法治，人民当家作主才能充分实现，国家和社会生活法治化才能有序推进。依法执政，既要求党依据宪法法律治国理政，也要求党依据党内法规管党治党。必须坚持党领导立法、保证执法、支持司法、带头守法，把依法治国基本方略

① 袁曙宏：《坚持和完善中国特色社会主义法治体系》，《光明日报》，2019 年 12 月 10 日。

同依法执政基本方式统一起来，把党总揽全局、协调各方同人大、政府、政协、审判机关、检察机关依法依章程履行职能、开展工作统一起来，把党领导人民制定和实施宪法法律同党坚持在宪法法律范围内活动统一起来，善于使党的主张通过法定程序成为国家意志，善于使党组织推荐的人选通过法定程序成为国家政权机关的领导人员，善于通过国家政权机关实施党对国家和社会的领导，善于运用民主集中制原则维护中央权威、维护全党全国团结统一。

（二）法治体系建设是将纸面的法转化为实践的法

十八届四中全会《决定》将建设中国特色社会主义法治体系和法治国家并行确立为全面推进依法治国和法治建设的总目标，并且以执政党文件的形式全面阐释和强调，国家法治建设由单纯注重立法建设法律体系转向法治体系和法治国家同步建设阶段，是我国法治建设的战略转型和全面升级的重要标志。法律体系的形成实现了国家法治建设在立法领域中的阶段性目标，完成了国家法治建设有法可依的历史性转变，国家各项事业发展步入法制化轨道。但是，法律体系的形成仅仅为法治建设提供了基础要素和必要的前提条件，并不意味着法治建设任务的完成和法治国家的实现。法治建设必须要确立法治体系建设目标，建设法治国家，推进法治社会建设，形成国家治理和政府管理层面与市民社会的良性互动。十八大以来，党和国家全面展开了法治体系与法治国家共同推进的法治建设，通过全面推进法治国家、法治政府和法治社会的整体建设，将静态的纸面上的法律体系中的制度转化为法治中国建设实践行动中的法。

三、法治体系与法律体系的区别①

法治体系与法律体系虽一字之差，却有天壤之别。依法治国是一个系

① 节选自王建国:《法治体系是对法律体系的承继和发展》,《法学》,2015 年第 9 期。

统工程，是一个动态的过程。依法治国涵盖了从科学立法到严格执法、公正司法，再到全民守法的全过程。依法治国体现为国家法治、政府法治、社会法治的综合之治，而绝不仅仅是法律制度的建立健全。法律体系的完备只是法治体系完备的前提条件，只是法治体系的一部分。坚持依法治国、依法执政、依法行政共同推进，坚持法治国家、法治政府、法治社会一体建设，实现科学立法、严格执法、公正司法、全民守法，最终促进国家治理体系和治理能力现代化。

(一)规范体系与治理体系的区别

法律体系是一国现行法律规范的体系化的有机体，是国家推进法治建设的基础要素。而法治体系则是包含国家法律制定以及实施活动的综合体，是国家选择的治理模式。一方面，法律体系是基于宪法的统领诸多不同位阶不同层次法律、法规的整体组合，是法律规则和法律规范的集合，是静态制度层面的规范体系。国家法治建设的展开是基于国家法制的完善，首先要做到有法可依。没有完善的法律体系，法治实施就成为无源之水、无本之木，法治体系亦难以形成。因此，法律体系构筑成为法治体系的规范基础和逻辑起点。另一方面，法治体系则是法律体系的现实升华，是法律体系建设所要追求的理想目标。法治体系的建设以法律体系完善为前提要素，但是并非说两者之间具有绝对泾渭分明的时间先后顺序。法治体系建设往往和法律体系形成完善的过程相伴相随。从逻辑上来说，法治体系与法律体系之间具有内在关联性，在发展演进的时间上具有共生性，只不过在国家法治发展不同阶段的侧重点不同而已。法治体系是一个建基于法律体系之上并包含法律体系建设完善的系统工程，是国家治理体系的一种模式选择。

(二)静态法制与动态实践的区别

从法律体系到法治体系是从静态的法律制度到动态的法治实践的发展过程。法律体系所展现的是一系列立法性活动的成果，是国家法治建设初始阶段所进行的制度建设,是一种纸面上的法。法治体系是囊括立法体系、执法系统、司法机制、法律监督以及守法行为等法律实施各环节的有机链接,不仅包含静态的制度规范,而且更强调的是动态的法律运转机制,是一种生活中行动的法。法治体系的形成是一个由静态规范体系向法律动态运行不断深化和发展的过程,其间充满了不同公权力机关和社会主体的能量交换。法治体系不仅要借助于法律对国家权力运作加以规制,而且要借助于法律规范来达到保障社会个体权利的目的。由此,从法律体系上升到法治体系则蕴含了由静态制度规范体系向动态的法律运行实践转化的过程。

(三)形式法治与实质法治的区别

法律体系展现在社会主体面前的是直观可视的具有外观性的法律规范,标志着国家法治建设已经具备可资遵守的形式化法律。因此,法律体系就构成国家法治建设中形式法治的主要表征,是法治的外在形式表现。但是,法治中国的建设不仅要建构一个形式上的法治国家,而且应当建构一个实质上的法治国家。实现实质法治的基本条件是国家要做到:国家法律制度健全并践行法治,公民宪法基本权利得到有效保障和实现,国家公权力受到有效约束制衡和监督,政府严格依法行政并兼顾适度原则和信赖保护原则,司法机关遵循正当程序独立行使职权,并最终在形式正义的基础上实现实质的社会公平正义。法治体系不仅包含注重形式主义的法律体系,而且要关注法律实施结果,就是最终达至体现公平公正法治价值观念的实质正义,是形式法治和实质法治的统一体。

四、中国特色社会主义法治体系目标要求

法治体系作为一个秩序化的有机体系必然有着自身的内部结构和外在的价值标准。中国法治体系的建构不仅应当具备当代法治所包含的一般性的价值标准和制度理念,还应当拥有独特的中国特色。这个特色就是以中国共产党的政治领导和人民主体地位为基本原则,坚持从中国实际出发。

十八届四中全会《决议》指出，建立法律规范体系、法治实施体系、法治监督体系、法治保障体系以及党内法规体系。

（一）完备的法律规范体系

建设完备的法律规范体系，要发挥立法的引领和推动作用，把党的方针政策主张和人民意志贯穿于立法工作的全过程；要积极推进重点领域立法，深入推进科学立法、民主立法、依法立法，不断完善以宪法为核心的中国特色社会主义法律体系，为推进国家治理体系和治理能力现代化筑牢法律基础。

（二）高效的法治实施体系

法律的生命在于实施，法律的权威在于实施。要加强宪法实施和监督，推进合宪性审查工作，维护宪法权威。要推进依法行政，严格规范公正文明执法；要深化司法体制综合配套改革，完善审判制度、检察制度，全面落实司法责任制；要加大普法力度，建设社会主义法治文化，使宪法法律至上、法律面前人人平等法治理念深入人心，为推进国家治理体系和治理能力现代化创造良好的法治环境。

（三）严密的法治监督体系

法治监督是法律良性运行的保障机制。要进一步完善党内监督与国家监督、党的纪律检查与国家监察的衔接、协调、统一的法治机制；通过制度化、规范化、程序化的实现机制强化群众监督；完善集中统一、权威高效的法治监督体系，为推进国家治理体系和治理能力现代化提供有力的法治保障。

（四）有力的法治保障体系

“徒法不能以自行。”如果没有保障体系，法治就难以实现。要加强党的领导，为全面依法治国提供政治保障；要坚持和完善中国特色社会主义制度，为全面依法治国构建制度保障；要建设高素质的法治工作队伍，为全面依法治国强化人才保障；要创新理论体系，为全面依法治国夯实理论基础。

（五）党内法规体系

党内规章是管党治党的重要依据。要从党内法规的制定、备案、解释、执行等多个方面，加强党内法规制度建设，充分发挥党内法规对从严治党、管党的保障性作用，提升党的执政能力和执政水平。

五、中国特色社会主义法治体系体制机制制度保障

十九届四中全会《决议》就坚持和完善中国特色社会主义法治体系，提高党依法治国、依法执政能力，提出了在四方面加强体制机制保障。

（一）健全保证宪法全面实施的体制机制

宪法是国家的根本法，是治国安邦的总章程，是全面依法治国的总依据。坚持依法治国首先要坚持依宪治国，坚持依法执政首先要坚持依宪执政。坚持和完善中国特色社会主义法治体系，首先要健全保证宪法全面实施的体制机制。为此，《决定》提出，要“加强宪法实施和监督，落实宪法解释程序机制，推进合宪性审查工作，加强备案审查制度和能力建设，依法撤销和纠正违宪违法的规范性文件”，明确了保证宪法全面实施的重要制度措施。针对现实生活中宪法实施存在的一些问题，《决定》强调，“坚持宪法法律至上，健全法律面前人人平等保障机制，维护国家法制统一、尊严、权威，一切违反宪法法律的行为都必须予以追究”，对全社会增强忠于、遵守、维护宪法的意识，树立对宪法的信仰和敬畏提出了进一步要求，以确保宪法在国家和社会治理中的统领作用得到充分发挥。

（二）完善立法体制机制

建设中国特色社会主义法治体系，必须不断加强和改进立法工作，发挥

立法的引领和推动作用。当前,同党和国家事业发展要求相比,同人民群众日益增长的美好生活需要相比,同推进国家治理体系和治理能力现代化目标相比,我国现行立法体制机制还存在一些不相适应的问题,需要切实加以完善。为此,《决定》强调,必须“坚持科学立法、民主立法、依法立法,完善党委领导、人大主导、政府依托、各方参与的立法工作格局,立改废释并举,不断提高立法质量和效率”。同时,对于当前和今后一个时期的立法重点任务,《决定》要求“完善以宪法为核心的中国特色社会主义法律体系,加强重要领域立法,加快我国法域外适用的法律体系建设,以良法保障善治”。

(三)健全社会公平正义法治保障制度

公平正义是法治的生命线。随着中国特色社会主义进入新时代和我国社会主要矛盾的深刻变化,坚持和完善中国特色社会主义法治体系必须努力满足人民在民主、法治、公平、正义、安全、环境等方面日益增长的要求。为此,《决定》强调,要“坚持法治建设为了人民、依靠人民,加强人权法治保障,保证人民依法享有广泛的权利和自由、承担应尽的义务,引导全体人民做社会主义法治的忠实崇尚者、自觉遵守者、坚定捍卫者”。同时,对执法司法工作做出了具体部署、提出了明确要求:要“坚持有法必依、执法必严、违法必究,严格规范公正文明执法,规范执法自由裁量权,加大关系群众切身利益的重点领域执法力度。深化司法体制综合配套改革,完善审判制度、检察制度,全面落实司法责任制,完善律师制度,加强对司法活动的监督,确保司法公正高效权威,努力让人民群众在每一个司法案件中感受到公平正义”。

(四)加强对法律实施的监督

行政权、监察权、审判权、检察权都是承担法律实施和监督的公权力,与人民群众的切身利益息息相关。《决定》强调,必须“保证行政权、监察权、审判权、检察权得到依法正确行使,保证公民、法人和其他组织合法权益得到切实保障，坚决排除对执法司法活动的干预”。在工作重点上，《决定》要求“拓展公益诉讼案件范围。加大对严重违法行为处罚力度，实行惩罚性赔偿制度，严格刑事责任追究。加大全民普法工作力度，增强全民法治观念，完善公共法律服务体系，夯实依法治国群众基础”。为了充分发挥“关键少数”的表率作用，《决定》指出：“各级党和国家机关以及领导干部要带头尊法学法守法用法，提高运用法治思维和法治方式深化改革、推动发展、化解矛盾、维护稳定、应对风险的能力。”

党内法规体系建设

党内法规体系是中国特色社会主义法治体系的内容之一，也是近年来比较受重视的法治理论研究内容。

一、为什么需要党内法规

我国现有 8 900 多万党员，450 多万个党组织，如何保持党的先进性、纯洁性和旺盛生命力，建设好、管理好党组织运行，离不开党内法规对党员行为、党的组织和活动的引导、规范、约束和保障，加强党内法规制度建设是推进依法治国的有力保障。

市场经济的负面效应仍然广泛存在，会严重影响党建活动的实施。市场经济比较关注物质利益，会影响人们的思想观念，导致一些党员干部背离为人民服务的宗旨，滋生拜金主义和个人主义。此外，市场经济的交易原则也引发部分党员干部权钱交易、相互利用的思想，法治意识淡薄。

经过改革开放后几十年的发展，我国经济和社会均取得了较大的成就，部分党员干部产生一些错误的思想和认识，认为推行过严的全面从严治党将会束缚手脚，影响经济建设，甚至认为党建与经济建设本身具有矛盾性，二者不可统一。也有党员干部认为，党建活动会影响党的光辉形象和当前经济社会的稳定大局。

全面从严治党需要完整的国家制度做支撑。当前一些党内法规缺乏操作性，无法满足现实需要。党内法规缺少配套措施，法规体系不健全和滞后。部分党内法规原则性强，无法落到实处，执行常常流于形式，难以发挥其应有的约束和监督作用。

全面从严治党还受到封建思想的不良影响。部分党员干部深受官本位主义的影响，任人唯亲，把权力当作谋取私利的工具，并以权力作为人生价值的最高目标，违背了为人民服务的宗旨，带坏了党内生活的风气，个人信仰缺失、思想动摇，甚至制造党与人民的对立。

二、党内法规的内涵与外延

党内法规是党的中央组织以及中央纪律检查委员会、中央各部门和省、自治区、直辖市党委制定的规范党组织的工作、活动和党员行为的党内规章制度的总称。根据《中国共产党党内法规制定条例》，党内法规所规范的内容包括党的组织建设、党的工作与活动、对党员行为的规范，包括党员的权利、义务、纪律和参加组织活动的要求、对党组织和党员以及党的领导干部的监督与问责等。《中国共产党党内法规制定条例》对党内法规体系与各层级进行了总结。党章对党的性质和宗旨、路线与纲领、指导思想和奋斗目标、组织原则和组织机构、党员权利与义务以及党的纪律等做出根本规定。准则对全党政治生活、组织生活与全体党员行为做出规定。条例对党的某一领域重要关系或者某一方面重要工作做出全面规定。规则、规定、办法、细则对党的某一方面重要工作或者事项做出具体规定。中央纪律检查委员会、中央各部门和省、自治区、直辖市党委会制定的党内法规，称为规则、规定、办法、细则。

真正认识党内法规需要正确理解与党的纪律、党内制度、党内规范性文件之间的关系。首先，就党内法规与党的纪律而言，党内法规不等于党的纪律，二者虽有交集，但不能相互取代。一方面，部分党内法规本身就不属于党的纪律，例如，关系到党的执政方式、组织架构、党员权利义务的党内法规就不是党的纪律。另一方面，部分党内纪律位阶较低，无法上升到党内法规，例如，党的决议、意见、领导讲话中强调的纪律就不属于党内法规的范畴。

其次，就党内法规与党内制度而言，现有党内制度与党内法规的产生有时间的先后顺序，党内法规的产生滞后于党内制度。党内法规的外延要小于党内制度。党内制度除包括党内法规外，还涵盖党内规范性文件、党内惯例等。党内法规的制定主体为省级以上党组织，而党内各级组织均有权制定党的制度。

最后，就党内法规与党内规范文件而言，党内法规的制定主体只能是省级以上的党组织，而包括党的其他组织在内的主体均可制定党内规范性文件。在文件名称上，党内法规的名称一般可分为党章、准则、条例、规则、办法、细则。而规范性文件的名称一般为决议、决定、意见、通知等。在内容上，党内法规通常是对党员行为规范、党内纪律的规定，对违规责任及追究进行规定，而不是所有规范性文件会在这方面予以明确规定。在审核流程上，党内法规的审核方式较为严格复杂，通常采用会议审议的方式，但规范性文件多是领导直接签批。在效力上，同一党内主体制定的规范性文件在效力上要明显低于党内法规。

三、党内法规制度发展

(一)新民主主义革命时期的党内法规

在新民主主义革命时期，中国共产党的党内法规还处于初步萌芽状态，并不是严格意义上的党内法规，还不具有很强的法的作用。在形式上，党内法规通常由名称、日期、主体、内容等要素构成。在历史实践中，党内法规一般使用的是成文法形式，在名称上应该包括适用主体、主要内容和效力等级。而新民主主义革命时期的党内法规，很少在名称上符合规范意义上的党内法规。在日期上，党内法规一般包括制定日期、颁布日期和生效日期，新民主主义革命时期的党内法规只有《中国共产党党章》在日期上符合要求。可见,在新民主主义革命时期党内法规在规范上还有不少缺陷,在很多方面都难以符合党内法规的基本构成,不过这是由于特殊的历史时期决定的,虽然并不是规范意义上的党内法规,但仍然奠定了党内法规体系的前期基础。

(二)社会主义革命和建设时期的党内法规

中华人民共和国的成立标志着我国进入社会主义革命和建设时期。在该时期,中国共产党对党内法规进行了探索和实践。通过了一系列的党内制度决定和决议,实现中国共产党对政府的全面领导。1949 年 11 月中国共产党通过了《关于在中央人民政府内组织中国共产党党委会的决定》《关于在中央人民政府内建立中国共产党党组的决定》,规定中央人民政府受内部中国共产党党委会和中国共产党党组领导,而中国共产党党委会和中国共产党党组织服从于中共中央,并要求加强对党组织和党员的组织纪律约束和监督。1949 年 11 月中央纪律委员会批准《中央纪律委员会工作细则》,后又制定了一系列的纪律监察工作的规章制度。1956 年中国共产党第八次代表大会以党章的方式对中国共产党的监察工作机构及监察工作内容进行了明确的规定。

(三)改革开放至十八大的党内法规

从党的十一届三中全会到党的十三届四中全会时期党内法规由传统思想教育向更多地依靠制度过渡,该阶段也是初步建设党内法规的时期。1980 年《关于党内政治生活的若干准则》颁布,标志着党内法规建设进入新中国历史的新阶段。

从党的十四届三中全会到党的十六大时期是逐步确立党内法规制度建设的时期,亦是党内制度条例建设迅速发展的时期。在此期间,逐步形成了以“三个代表”重要思想为核心的重要理论,要求把制度建设全面贯穿到党的思想、作风建设之中,丰富和发展了党内法规的内涵。

从党的十六大到党的十八大是巩固和强化党内法规建设在党的建设地位作用的时期，同时也是进一步推进党内法规建设的时期。其中，党的十七大明确把党的制度建设纳入党的建设的总体布局，强调以民主集中制为重点的党的制度建设。

（四）十八大以来党内法规建设

1. 党的十八大以来党内法规建设的主要内容

2013 年 11 月，中共中央印发《中央党内法规制定工作五年规划纲要（2013—2017 年）》，作为党的历史上第一个中央党内法规制定工作五年规划，首次提出到建党 100 周年时全面建成内容科学、程序严密、配套完备、运行有效的党内法规制度体系，明确了党内法规制定工作的指导思想、工作目标、基本要求、主要任务，标志着党内法规制定工作从此走上体系化建设之路。2013 年 5 月颁布的《中国共产党党内法规制定条例》规定，中国共产党党章是最根本的党内法规，是制定其他党内法规的基础和依据。《中国共产党党内法规制定条例》以法规的形式将党内法规制定的总体依据确定下来，明确和规范了党内法规的制定权力来源。2013 年 5 月，《中国共产党党内法规制定条例》及其配套的《中国共产党党内法规和规范性文件备案规定》同时发布，该条例是制定党内法规的纲领性文件，详细规定了党内法规的制定权限、制定原则、规划计划、起草程序、审批发布适用解释、审查备案和清理评估。根据新历史、新特征，结合历史上党建实践成果和先进经验，修订和完善了一批具有指导意义的党内法规。根据新时期的新情况、新特点，为适应全面从严治党新任务的需要，中共中央制定一系列与此对应的党内法规来规范、指导全面从严治党的党建实践活动。

2. 党的十八大以来党内法规建设的主要特点

首先，注重党内法规制度的理念建设。党的十八大以来，党内法规制度建设如《中国共产党廉洁自律准则》《中国共产党纪律处分条例》《关于新形势下党内政治生活的若干规则》《中国共产党党内监督条例》的制定和修改呈现出“发现问题—提出问题—建章立制—贯彻实施”特点，体现了问题意识、问题导向的党内法制度理念建设。

其次，注重党内法规制度的体系建设。党的十八大以来，党内法规制度建设更为关注系统性、统一性，表现为在党内法规制度建设的内部体系中，尊重党内法规制度之间内部相互配套支撑。在党内法规制度建设外部体系中，更为注重党内法规制度与国家法律法规之间的衔接和协调。

最后，注重党内法规的实施执行建设。持续的学习和教育是落实和提升党内法规的执行的基础。因此，十八大以来，党中央要求将党内法规作为各级党校、行政学院和干部教育学院的必修课，作为各级党委中心组学习的重要内容，加强对党内法规制度的宣传督导力度，并探索建立党内法规执行检查责任制和常态化制度，把党内法规制度实施情况作为各级党委巡视和巡查的重要内容。

四、党内法规体系建设重点

按照《中国共产党党内法规制定条例》的界定，党内法规是党的中央组织以及中央纪律检查委员会、中央各部门和省、自治区、直辖市党委制定的规范党组织的工作、活动和党员行为的党内规章制度的总称。截至 2018 年 8 月底，现行有效的党内法规约 4 200 部，其中规则、规定、办法、细则超过 4 100 部。全面从严治党面临的最大问题不是法规制度供给的数量不足，而是法规制度本身的质量不高；不是缺少法规制度，而是法规制度如何才能更科学、更系统、更有效，即如何能行得通、做得到、管得住的问题。

构建完善的党内法规体系就是要构建一套包括党章、准则、条例、规则、规定、办法、细则在内，错落有致而且内容完整的关于程序和规则的规范系统。准则是对全党政治生活、组织生活和全体党员行为做出的基本规定，在党内法规体系中位阶比较高，仅次于党章。目前，党内共有三部准则，即《关于新形势下党内政治生活的若干准则》《关于党内政治生活的若干准则》《中国共产党廉洁自律准则》。条例是对准则的具体保障，是对党的某一领域重要关系或者某一方面重要工作做出的全面规定。党的十八大以来，制定了包括《中国共产党纪律处分条例》(2018 年 8 月修订)、《中国共产党党内监督条例》(2016 年 11 月通过)、《中国共产党党组工作条例(试行)》(2015 年 6 月通过)等多部条例。

(一)坚持党在党内法规体系化建设中的领导地位

党的领导有助于推进和保证党内法规体系化建设不断推进。全面从严治党、依规治党应把加强党和完善党内法规体系建设纳入国家法治体系之中，使之成为国家治理体系和治理能力现代化的重要内涵。要强化党中央对党的自身建设，特别是党内法规体系性建设的重大工作、重要领域的领导，进行科学规划、精心布局、统筹推进，为党内法规建设得以实现提供根本保证。

(二)党内法规体系化建设应注重顶层设计

科学规划是做好一切工作的前提，这种规划包括明确工作目标、原则、步骤、重点等等，体现为特定工作的顶层设计。党的制度建设的基本经验要求加强顶层设计，将全面从严治党、治国理政的实践上升为党内法规以体现党内制度建设的与时俱进。党的十八大以来，党注重把全面从严治党的实践逐步落实为党内法规制度，制定了一系列的相关制度，如《中国共产党纪律处分条例》《中国共产党党内监督条例》《中国共产党问责条例》《中国共产党宣传工作条例》等等，提升了党内法规体系化水平。

(三)党内法规体系化建设的关键在执行和实施

执行和实施是落实党内法规体系建设的重要环节，也是制定党内法规的目的所在。只有切实执行和实施党内法规，党内法规才能真正发挥作用。在党内法规的实施过程中，由于受到一些主客观因素的影响，普遍存在有规不依、执行不严的问题。各级党委和政府以及各级领导干部切实强化制度意识，带头维护制度权威，做制度执行的表率，带动全党全社会自觉尊崇制度、严格执行制度。同时应健全权威高效的制度执行机制,加强对制度执行的监督。

提升党内法规的执行力要求对党员干部进行党内法规警示,将党内法规作为各级党组织及党员学习的必修课,发挥领导干部的党内模范带头作用,提高党员遵纪守法意识和党内组织纪律。增强各级党组织纪委的监督效力,党的各级纪委监察机构应将党员严格执行党内法规作为首要工作,建立党内法规责任追究机制,不断强化对重要领域或关键环节的监督。

党内法规体系建设的执行离不开培育制度文化。营造良好的社会氛围,净化社会环境,有助于为党内法规制度文化创造良好的社会氛围。通过继续加强党内法规的宣传和学习,建立党内法规的良好学习机制,强化和提升全体党员对党内法规的认识和理解水平,约束自己的行为规范。

(四)尽快补齐党内法规短板

党的十九届四中全会强调,在坚持和完善中国特色社会主义制度、推进国家治理体系和治理能力现代化的过程中,必须突出坚持和完善支撑中国特色社会主义的根本制度、基本制度、重要制度,着力固根基、扬优势、补短板、强弱项,构建系统完善、科学规范、运行有效的制度体系。其中"补短板、强弱项"不仅是国家法律制度建设也是党内法规建设的一个基本思路。短板是指工作体系中明显滞后薄弱的环节,党内法规体系中的短板是指制约党内法规整体效能发挥的重要因素。例如,规范党的领导基本规则的党内法规还是空白,党内法规与国家法律的有机衔接也存在不少问题。这些均是党内法规体系建设补短板的着力之处。因此,在党内法规体系建设中,应注意补齐短板,实现效能的最大化。

五、党内法规与国家法律的关系

党的十八届四中全会《决定》明确提出,要"注重党内法规与国家法律的衔接和协调"。党内法规与国家法律之间有一致性,也有差异性。

党内法规与国家法律之间的一致性在于:第一,价值取向的一致性。两者共存于中国特色社会主义法治体系中，在根本价值指向上一致。党内法规是党要管党、从严治党的制度依据和保障，目的是让党更好地为人民服务；国家法律是推进国家治理能力和治理体系现代化的制度依据和保障，目的是让人民生活得更美好。第二，文化倡导一致性。2016 年 12 月，中办国办印发《关于进一步把社会主义核心价值观融入法治建设的指导意见》指出，大力培育和践行社会主义核心价值观，运用法律法规和公共政策向社会传导正确价值取向，把社会主义核心价值观融入法治建设；加强党内法规制度建设。以党章为根本遵循，完善党内法规，健全制度保障，构建起配套完备的党内法规制度体系，推动党员干部带头践行社会主义核心价值观。把从严治党实践成果转化为道德规范和纪律要求，做到依规治党和以德治党相统一，充分展现共产党人高尚思想道德情操和价值追求。二者在倡导核心价值观上是一致的。第三，制度建设的统一性和衔接性。《中国共产党章程》规定："党必须在宪法和法律的范围内活动。"党内法规是中国共产党内部的规范，国家的宪法和法律为党内法规进行了制度意义上的托底。《中央党内法规制定工作五年规划纲要（2013－2017 年）》提出了"宪法为上、党章为本"的基本要求。以宪法为遵循，就是要保证党内法规体现宪法和法律的精神和要求，保证党内法规制度体系与中国特色社会主义法律体系内在统一；以党章为根本，就是要按照党章确定的基本原则、要求和任务，推进党内法规制定工作。党内法规与法律规范在制度建设上具有统一性和衔接性。

党内法规与法律规范之间的区别在于：第一，制定的主体和制定程序不同。党内法规主要是由省级以上党组织按规定程序制定的，法律是由立法机关根据相应的立法程序制定。第二，调整范围不同。党内法规着眼于全体党员，调整党内组织、制度、活动和党员行为；法律规范着眼于全体公民，体现国家意志，规范公民行为。第三，效力位阶不同。党内法规制定必须遵循宪法和法律，其效力低于法律的效力。第四，实施方式不同。党内法规作为党内的行为规范，通过政治教育和宣传动员，依靠党组织负责人、党员对党的政治认同及其个人的政治自觉实施，并以党的纪律作为强制手段来提供保证。国家法律则具备国家强制力约束力，由国家强制力保证实施。

处理党内法规与国家法律关系的原则有：第一，国家法律高于党内法规。国家法律体系是调整社会关系最为重要的、最权威的行为规范，其他任何社会调整手段都不得与之冲突，同时所有社会关系参加者都必须遵守。中国共产党作为政治组织，在执政和党内治理等内外部活动中遵守国家法律是其应有之义。第二，党内法规严于国家法规。中国共产党为中国工人阶级的先锋队、中国人民和中华民族的先锋队，这决定了党组织和党员的行为规范和标准必须高于其他机关团体和公民，否则，党的先进性也就无从谈起。因此，与国家法律为其他机关团体和公民设定的行为准则相比，党内法规为各级党组织和全体党员设定的行为规则应更为严格。

六、党内法规在依法治国中的作用

第一，通过规范中国共产党的行为，建设法治执政党。中国共产党领导依法治国，推进法治国家和法治社会建设。党内法规通过规范中国共产党的行为来推进依法治国。中国共产党的法治建设需要完善党内民主制度、党务公开制度以及党内监督制度。

第二，通过规范中国共产党行使相关国家公权力，为党管干部、党管军队、党管意识形态等执政行为提供直接“法”的依据，保证依法执政。依法治国要求中国共产党必须依法行使国家公权力。依法既包括依国法，也包括依党规。党内法规在对党员的行为规范提出要求和纪律的同时，也具体规范了中国共产党行使公权力的行为。

第三，为实现对国家事务管理，党内法规可以与政府联合发文的形式对有些特定国家事务予以规定，确保国家、政府和社会事务的健康稳定发展。中国共产党对国家事务的领导必须在宪法和法律范围内进行，党内法规对党的领导行为予以规范，实现中国共产党在国家事务中的领导作用。在推动依法治国的党领导行为领域，中共中央办公厅与国务院办公厅联合发布的具有准党内法规性质的决定、纲要都是党领导国家作用的法制化的体现。

中国特色法治道路历史维度与特点

2014 年 10 月，习近平在关于《中共中央关于全面推进依法治国若干重大问题的决定》的说明时指出，中国特色社会主义法治道路，是社会主义法治建设成就和经验的集中体现，是建设社会主义法治国家的唯一正确道路。在走什么样的法治道路问题上，必须向全社会释放正确而明确的信号，指明全面推进依法治国的正确方向，统一全党全国各族人民认识和行动。

为什么中国特色的法治道路能走成功？因为我们结合了中国独特的文化传统，独特的历史命运，独特的基本国情，最终注定了我们要走适合自己特点的发展道路。本文主要从历史维度考察中国法治道路的选择。

一、清末民初法治道路选择失败

中华法制不仅起源早，而且经过四千多年的发展过程，一直没有中断过，这是在世界文明古国中所仅有的。习近平曾高度评价我国的法制文明，他指出："我们的先人们早就开始探索如何驾驭人类自身这个重大课题，春秋战国时期就有了自成体系的成文法典，汉唐时期形成了比较完备的法典。我国古代法制蕴含着十分丰富的智慧和资源，中华法系在世界几大法系中独树一帜。"

1840 年鸦片战争是中国古代史与近代史的分界线，也是中国传统的法律与现代法律制度的分水岭。随着西方列强坚船利炮冲开了中国的大门，打破了清廷的闭关政策，中国传统的自然经济开始瓦解，领土与主权遭到破坏，中国的政治法治制度也发生了重大的变化。在晚清前期，中国发生了一系列司法制度的变革，确立了列强在中国的领事裁判权制度与会审公廨制度，这一变化是被动的；但是在晚清的最后十年，以《唐律疏议》为代表的中华法系宣告解体，通过制宪活动与立法改革，在西学东渐的过程中，开始了法律近代化的历程。

清政府为仿照近代西方国家施行君主立宪政体而进行准备活动。对清政府而言，宣布预备立宪是一个艰难而痛苦的过程。当时，直接原因是甲午海战的失败，认为日本是君主立宪制，俄罗斯是君主立宪制，因此是君主立宪打败了君主专制，迫使清政府接受君主立宪的理论；同时，在戊戌变法失败后，迫于外界的压力，慈禧太后以光绪皇帝的名义，于 1901 年颁发了“预约变法”，称“世有万古不变之常经，无一成罔变之治法”，表示“大抵法积则弊，法弊则更”，“法令不更，锢习不破，欲求振作，当议更张”。1906 年清政府颁布《宣示预备立宪谕》提出，预备立宪基本原则是“大权统于朝廷，庶政公诸舆论”，为此，进行了一系列准备活动，1908 年颁布了《钦定宪法大纲》，这是中国历史上首部宪法性文件，但是这部法律突出重君权、轻民权。当然由于准备了 9 年预备立宪期，最终这部法律被束之高阁，随之而来的是君主立宪制度的失败。

辛亥革命以后，1911 年颁发了《临时政府组织大纲》，主要是依照美国宪法，采用总统制度，在政权组织上采用分权制原则，但没有明确规定三权分立，而是采用立法与行政两权分立的做法及一院制的议会制度。1912 年，为了限制袁世凯的权力，制定《中华民国临时约法》，约法改总统制为内阁制，缩小临时大总统的权力，进一步扩大参议院的权力，确立了《临时约法》最高法律效力，规定了严格的修改程序。但袁世凯上台后，将这部法律毁而弃之，至此，三权分立制度在中国也是行不通的。至北洋政府时期《中华民国约法》则更倒退，它以国家根本大法的形式否定了资产阶级民主共和制度，而代之专制独裁，使辛亥革命成果殆尽。到南京国民政府时期，《中华民国宪法》借民主共和之名，行蒋介石个人独裁之实，以“平均地权”“节制资本”为名保护封建剥削，加强官僚垄断以及虚伪的民主自由权利。这说明当时的宪法是一张写着人民权利的纸，而真正承认这些权利的保证在于人民意识到并善于争取这些权利的各阶级力量，同时必须在全国范围内进行广泛而深刻的民主革命。唯有如此，才能彻底完成反帝反封建任务。但是中国资产阶级的软弱性及缺乏先进革命思想的指导，决定了它不可能领导中国人民进行彻底的民主革命。这一历史重任就落在了无产阶级政党身上。

二、无产阶级法治道路尝试

（一）苏维埃政权时的法治道路

中国特色社会主义法治道路最早始于苏区和边区的法治实践。中国共产党的人民民主法制建设经历了萌芽阶段、初创阶段、形成和巩固阶段以及胜利发展阶段。

在初创阶段，中国共产党提出了反帝反封建口号，以创建“真正民主共和国”为政治纲领，制定了若干具有人民民主主义性质的革命法规。如1922年《劳动法案大纲》是我党最早提出的劳动立法斗争纲领。1931年中华苏维埃第一次全国代表大会通过了《中华苏维埃共和国宪法大纲》，规定“中华苏维埃共和国基本法的任务，在于保证苏维埃区域工农民主专政的政权和达到它在全中国的胜利”；规定了“中华苏维埃所建设的，是工人和农民民主专政国家”；规定了在苏维埃政权领域内，工人、农民、红色战士及一切劳苦民众和他们的家属，不分男女、种族、宗教，在苏维埃法律面前一律平等，皆为苏维埃共和国的公民。同时，该法宣布中华民族完全自由与独立，不承认帝国主义在中国政治上、经济上的一切特权，废除一切不平等条约，不承认反革命政府所借一切外债。这部法律是中国宪治史上第一部人民制定的确保人民民主专政的伟大纲领。

在抗日战争时期，公布了《晋察冀边区军政民代表大会宣言》《陕甘宁边区抗战时期施政纲领》《晋察冀边区目前施政纲领》《陕甘宁边区施政纲领》等，在这一系列纲领中，最为著名的是抗日民主政权的民主政治制度。一是实行普遍、直接、平等、无记名投票选举制度，保障一切抗日人民的选举权与被选举权。二是在政权机关的人员分配上，施行三三制原则，即在边区各级参议会和政府中，共产党员占三分之一，非党左派占三分之一，中间人士占三分之一。保障一切抗日人民（地主、资本家、农民、工人等）的人权、政权、财权及言论、出版、集会、结社、信仰、居住、迁徙之自由权。

在解放战争时期，1946 年制定了《陕甘宁边区宪法原则》，在政权组织方面，从三三制的参议会制度，逐步过渡到民主集中制和“议行合一”的人民代表大会制度。在少数民族集中区域，施行民族区域制度，规定“各级司法机关独立行使职权，除服从法律外，不受任何干涉”。

(二)中华人民共和国成立后至改革开放前法治建设

中华人民共和国成立后，国家在废除国民党政权制订的《六法全书》基础上，投入相当大的努力用于法制建设。中国人民政治协商会议颁布了《共同纲领》和 150 多件法律法规，如《中华人民共和国婚姻法》《中华人民共和国土地改革法》。“五四宪法”是把新民主主义革命和社会主义革命的胜利成果用根本大法的形式肯定下来，并构建出了人民民主专政国家的基本制度框架，是一部人民自己的宪法。它的制定“采取了领导机关的意见和广大人民群众的意见相结合的方法”，结合了原则性和灵活性，既坚持了民主原则和社会主义原则，又充分考虑现实条件决定的可能性和可行性。通过自上而下的广泛讨论，达成了最大程度的宪法共识，从而使宪法内容臻于完善，并且使宪法深入人心。“五四宪法”的制定和颁布对于普及宪法法律知识、增强法治信仰起到了积极的作用，“五四宪法”也是中国走向社会主义民主与法制建设的一个良好开端。

三、走中国特色社会主义法治道路

1978年党的十一届三中全会开启了走中国特色社会主义道路。党的十一届三中全会后，确立了民主化和法制化的政治发展大方向，国家立法工作首先步入轨道。在党中央的领导下，1979年7月1日，五届全国人大二次会议一天之内通过了7部法律，即《中华人民共和国刑法》《中华人民共和国刑事诉讼法》《中华人民共和国地方各级人民代表大会和地方各级人民政府组织法》《中华人民共和国全国人民代表大会和地方各级人民代表大会选举法》《中华人民共和国人民法院组织法》《中华人民共和国人民检察院组织法》《中华人民共和国中外合资经营企业法》，被法学界称为中国法治史上著名的"一日七法"。以"一日七法"为先导，我国陆续制定了《民法通则》《行政诉讼法》等一大批重要法律，形成了中国特色社会主义法律体系框架。①

从1988年至1996年是法制建设转入法治建设阶段。1987年，党的十三大报告指出：我们必须一手抓建设和改革，一手抓法制，法制建设必须贯穿于改革的全过程。一方面，应该加强立法工作，改善执法活动，保障司法机关依法独立行使职权，提高公民的法律意识；另一方面，法制建设又必须保障建设和改革的秩序，使改革的成果得以巩固。1989年，全国人大制定颁布了《中华人民共和国行政诉讼法》，这部法律的颁布在中国法治建设进程中具有划时代的里程碑意义，它结束了我国几千年来只有官治民而没有民告官的历史。②

从1992年到2012年是有规划地建设社会主义法治国家阶段。党的十四大提出社会主义市场经济的体制改革目标，而"市场经济必然是法治经济"，市场经济赖以运行的产权、契约、交易都需要国家法制保障。在第八届全国人民代表大会第四次会议上通过了《国民经济和社会发展"九五"计划

① 张文显：《中国法治40年：历程、轨迹和经验》，《吉林大学社会科学学报》，2018年第5期。

② 徐邦友：《中国特色社会主义法治道路：历史、逻辑和特色》，《观察与思考》，2018年第10期。

和2010年远景目标纲要》,把"依法治国,建设社会主义法制国家"作为我国民主法制建设的远景目标确定下来。1997年9月,江泽民同志在十五大报告中明确提出,要"进一步扩大社会主义民主,健全社会主义法制,依法治国,建设社会主义法治国家",同时精辟地指出了"依法治国,是党领导人民治理国家的基本方略,是发展社会主义市场经济的客观要求,是社会文明进步的重要标志,是国家长治久安的重要保证"。这是中国共产党首次将依法治国作为治国理政的基本方略,首次深刻阐述依法治国的本质特征和重大意义。1999年,我国将"中华人民共和国实行依法治国,建设社会主义法治国家"写入宪法。这标志着我国迈向了社会主义法治建设新阶段。此后,2002年,中国共产党十六大进一步把"依法治国,建设社会主义法治国家"上升到政治文明的范畴。2007年,中国共产党十七大号召"全面落实依法治国基本方略,加快建设社会主义法治国家"。2012年,中国共产党十八大强调"全面推进依法治国"。如同出台依法治国基本方略一样,提出依法执政基本方式也是中国法治新阶段的标志性事件。形成"依法执政"理念,确立依法执政基本方式,是党的思想理论和执政理念的一次重大飞跃。

四、法治道路进入新时代,推进全面依法治国

2012年至今是全面推进依法治国、实现国家治理体系与治理能力现代化的历史新阶段。党的十八大开启了全面依法治国的新征程,明确将民主制度更加完善,依法治国基本方略全面落实,法治政府基本建成,司法公信力不断提高,人权得到切实尊重和保障等法治建设内容纳入全面小康社会的建设目标,提出要"更加注重发挥法治在国家治理和社会管理中的重要作用,维护国家法制统一、尊严、权威,保证人民依法享有广泛权利和自由"。党的十八届三中全会进一步提出推进法治中国建设,坚持依法治国、依法执政、依法行政共同推进,坚持法治国家、法治政府、法治社会一体建设的要求。党的十八届四中全会就全面落实依法基本方略进行了全面部署,明确提出坚定不移坚持中国特色社会主义法治发展道路,明确提出了全面推进

依法治国的指导思想、总目标、基本原则，围绕科学立法、严格执法、公正司法、全民守法、法治工作队伍建设、加强和改进党对全面推进依法治国的领导等六个方面提出了一系列重大建设和改革举措，标志着中国特色社会主义法治道路的正式确立，中国社会主义法治建设进入了一个新的时期。2014年10月召开的党的十八届四中全会是中国共产党执政历史上首次以法治为主题的中央全会，全会通过《中共中央关于全面推进依法治国若干重大问题的决定》，“中国特色社会主义法治体系”是习近平同志提出的最具原创性和标志性的概念之一，明确提出“法治体系”概念和建设中国特色社会主义法治体系命题，其重大意义之一在于向国内外鲜明宣示我们将坚定不移走中国特色社会主义法治道路。

五、中国特色社会主义法治道路的核心要义

中国特色社会主义道路的核心要义有三点：坚持党的领导；坚持中国特色社会主义制度；坚持中国特色社会主义法治理论。

（一）坚持党的领导

习近平指出：“评价一个国家政治制度是不是民主的、有效的，首要是看国家领导层能否依法有序更替。”党是舵手，是推进全面依法治国的提出者和领导力量。十三届全国人大修改宪法，规定：中国共产党的领导是中国特色社会主义最本质的特征。在中国的社会主义制度下，中国共产党是一个先锋队政党，负有领导国家、治理社会并最终实现共产主义的历史责任。中国共产党必须承担起建设社会主义法治国家的重任。中国共产党不仅通过政策来确立法治发展的目标、方向，建构法治运行的国家机器，还为法治的实施提供制度、人才、知识等方面的保障，从而建构一套完整的社会主义法治体系。党领导立法、保证执法、支持司法、带头守法。党领导立法，就是抓住提高立法质量这个关键，完善以宪法为核心的中国特色社会主义法律体系，坚持立法先行，发挥立法的引领和推动作用。党保证执法，就是深入推

进依法行政，建设职能科学、权责法定、执法严明、公开公正、廉洁高效、守法诚信的法治政府。党支持司法，就是要保证公正司法，提高司法公信力。党带头守法，就是要带头弘扬社会主义法治精神，建设社会主义法治文化，形成守法光荣、违法可耻的社会氛围，使全体人民都成为社会主义法治的忠实崇尚者、自觉遵守者、坚定捍卫者。

（二）坚持中国特色社会主义制度

中国特色社会主义制度的生命力在于它扎根于中国土壤。宪法规定，中华人民共和国是工人阶级领导的、以工农联盟为基础的人民民主专政的社会主义国家。社会主义制度是中华人民共和国的根本制度。中国共产党领导是中国特色社会主义最本质的特征。人民民主专政作为中华人民共和国的国体、作为我国根本的国家制度，是马克思列宁主义国家学说在中国创造性运用和发展的产物。人民代表大会制度是符合中国国情、体现社会主义国家性质、保证人民当家作主的根本制度，是支撑国家治理体系和治理能力的根本制度。宪法序言指出，中国共产党领导的多党合作和政治协商制度将长期存在和发展。共产党领导、多党派合作，共产党执政、多党派参政是中国共产党领导的政党制度的基本特色，也是我国政治制度的一大优势。自治区、自治州、自治县的自治机关行使地方国家机关的职权，同时依照宪法、民族区域自治法和其他法律规定的权限行使自治权，根据本地方实际情况贯彻执行国家的法律、政策。民族区域自治制度是中国共产党和各族人民的一个伟大创造。基层群众自治是基层民主的主要实现形式，是人民当家作主最有效、最广泛的途径。

（三）坚持中国特色社会主义法治理论

建设法治国家，往往都有一套理论体系，而这些理论是否符合国情或正确与否，直接关系到该法治国家的兴衰。中国特色法治体系的建构要以完善的中国特色社会主义法学理论体系为理论基础，并结合法学学科体系、法学课程体系及法学教学体系的建设与完善而展开。这主要包括四方面内容:第一,中国特色社会主义法治的价值理论体系。即法治道路建设为了什么,为了谁;坚持人民主体地位,人民是依法治国的主体和力量源泉,法治建设为了人民、依靠人民、造福人民、保护人民,以保障人民根本权益为出发点和落脚点。第二,中国特色社会主义法治的制度规范体系。即形成完善的中国特色社会主义法学理论体系、学科体系、课程体系。第三,实现依法治国、依法行政等理论创新。即坚持依法治国、依法执政、依法行政共同推进,坚持法治国家、法治政府、法治社会一体建设。第四,中国特色社会主义理论相关的关系理论。即与西方法治的关系及与中国传统法制的关系。把握社会主义法治理念,必须从中国社会主义国体和政体出发,立足于社会主义市场经济和民主政治发展的时代要求,以习近平新时代中国特色社会主义思想为指导,深刻地认识社会主义法治的内在要求、精神实质和基本规律,系统地反映符合中国国情和人类法治文明发展方向的核心观念、基本信念和价值取向。

六、中国特色社会主义法治道路的独特性①

其一,在法治建设的实现方式上,中国特色社会主义法治道路具有强烈的顶层推动特征。它强调党的领导、人民当家作主、依法治国的有机统一,将党的领导放在了重要地位,体现了明显的顶层推动特征。在《中共中央关于全面推进依法治国若干重大问题的决定》中有 14 处出现"党的领导",第七部分单列"加强和改进党对全面推进依法治国的领导",指出"党的领导是全面推进依法治国、加快建设社会主义法治国家的根本保证……把党的领导贯彻到全面依法治国的全过程"。

其二,在方法手段上具有德法互补特征。中国特色社会主义法治道路

① 参见马忠:《中国特色社会主义法治道路的独特性及内在根据》,《武汉大学学报》,2017 年 3 月。

突出了“以德治国”的作用。《中共中央关于全面推进依法治国若干重大问题的决定》在总目标中提出“坚持依法治国和以德治国相结合”，指出“国家和社会治理需要法律和道德共同发挥作用”“加强公民道德建设、弘扬中华优秀文化，增强法治的道德底蕴，强化规则意识，倡导契约精神、弘扬公序良俗”等。

其三，在发展途径上具有明显的渐进稳健特征。即必须从我国基本国情出发，同改革开放不断发展相适应，围绕社会主义法治建设重大理论问题和实践问题，借鉴外国法治有益经验，但绝不照搬外国法治理念和模式。全面依法治国是一个系统工程，是国家治理领域一场广泛而深刻的革命，需要付出长期艰苦努力。实践证明行之有效的，要及时上升为法律；实践条件还不成熟、需要先行先试的，要按照法定程序做出授权。

如何理解法治思维

——以彭宇案件为例

一、什么是法治思维

法治思维是指以法治价值和法治精神为导向，运用法律原则、法律规则、法律方法思考和处理问题的思维模式。它是以法治价值和法治精神为指导，蕴含着公正、平等、民主、人权等法治理念的正当性思维；以法律原则和法律规则为依据来指导人们的社会行为的规范性思维；以法律手段与法律方法为依托分析问题、处理问题、解决纠纷的逻辑思维；是一种符合规律、尊重事实的科学思维。法治思维的过程，就是运用法律方法思考、分析和解决法律问题的过程，包含了正确理解法律的方法，即理解法律条文的含义、内容和精神，以及正确运用法律的方法。现以彭宇案件进行阐述。

二、案情介绍

【案例呈现】

徐某某诉彭宇人身损害赔偿纠纷案

（［2007］鼓民一初字第212号）

（一）原告方事实和理由

徐某某（以下简称原告）诉称，2006 年 11 月 20 日 9 点半左右，在南京市水西门公交车站有 2 辆 83 路公交车进站，她准备乘坐后面的 83 路公交车，在行至前一辆公交车后门时，被从车内冲下的彭宇（以下简称被告）撞倒，导致其左股骨颈骨折，住院手术治疗。因原、被告未能在公交治安分局城中派出所达成调解协议，故原告诉至法院，请求判令被告赔偿原告医疗费 40 460.7 元、护理费 4 497 元（住院期间护理费 897 元、出院后护理费 3 600 元）、营养费 3 000 元、伙食费 346 元、住院期间伙食补助费 630 元、残疾赔偿金 71 985.6 元、精神损害抚慰金 15 000 元、鉴定费 500 元，共计人民币 136 419.3 元，并由被告承担本案诉讼费。

为此，原告提供以下证据：(1) 住院记录、医疗费票据；(2) 鉴定报告；(3) 城中派出所提交的对原告的询问笔录的电子文档及其誊写材料。（该材料是事发后第二天，根据第一天的笔录制作的，主要内容是：被告称其没有撞倒原告；是原告撞了被告。）

（二）被告方事实和理由

被告辩称，被告当时是第一个下车的，在下车前，车内有人从后面碰了被告，但下车后原、被告之间没有碰撞。被告发现原告摔倒后做好事对其进行帮扶，而非被告将其撞伤。原告没有充分的证据证明被告存在侵权行为，被告客观上也没有侵犯原告的人身权利，不应当承担侵权赔偿责任。如果由于做好事而承担赔偿责任，则不利于弘扬社会正气。原告的诉讼请求没有法律及事实依据，请求法院依法予以驳回。

被告提供的证据：(1) 被告申请的证人陈二春的当庭证言：2006 年 11 月 20 日其在 21 路公交车水西门车站等车，当时原告在其旁边等车，不久来了两辆车，原告想乘后面那辆车，从其面前跑过去，原告当时手上拿了包和保温瓶；后来其看到原告倒在地上，被告去扶原告，其也跑过去帮忙；但其当时没有看到原告倒地的那一瞬间，也没有看到原告摔倒的过程，其看到的时候原告已经倒在地上，被告已经在扶原告；当天下午，派出所通知其到派出所去做了笔录，是一个姓沈的民警接待的。(2) 对被告讯问笔录的电子文档及其誊写材料，证明原告撞了被告。

（三）法院依职权调查取证

(1) 原告的伤残鉴定书，证明原告八级伤残；(2) 法院对该起事故的承办民警到法院对事件的主要经过作了陈述并制作了谈话笔录，谈话的主要内容为：原、被告之间发生了碰撞。

（四）庭审过程

围绕着原、被告是否相撞；原告损失的具体数额；被告应否承担原告的损失，原告与被告进行举证和质证，本案一审经历了三次开庭。作为被告的彭宇，在三次开庭时，就是否碰撞了原告，做出了三种不同的回应：第一次庭审，彭宇妻子代他出庭答辩提出："原告受伤非被告所导致的，不应该承担责任。"第二次庭审，彭宇承认："我下车的时候是与人撞了，但不是与原告相撞。"当被问及把原告扶起来出于什么目的时，他回答"为了做点好事"。在得知原告申请调取的事发当日城中派出所接出警的询问笔录已丢失时，彭宇对由当时出警警官补做的笔录提出异议，并表示要向有关部门和媒体反映这一情况。第三次开庭时，由于事发当日接出警的城中派出所将对彭宇的询问笔录不慎丢失，在法庭上，该所便提交了由原告徐寿兰儿子在其母住院接受警官询问时，用手机自行拍摄的这份原始笔录照片，以及据此誊写的材料，其中主要内容是彭宇陈述2人相撞时的情况。虽然该照片显示的内容已经当时做笔录的警官确认，但由于照片提供者是原告的儿子，因而受到彭宇及旁听庭审的媒体记者质疑（在庭审期间，彭宇主动打电话给一位网站论坛版主，表示自己因做好事被诬告，将一个老太扶起后反被起诉，希望媒体关注此事。该版主立即用短信将这一情况通报给南京十多家媒体和网站记者。彭宇于当日向鼓楼区法院提出准许新闻记者采访庭审的申请。）

（五）庭审结果

一审法院根据优势证据原则，认定原、被告相撞事实；但同时认定彭宇对原告的跌倒不存在故意或是过失，不存在任何过错。在考虑受害人的损害、双方当事人的财产状况及其他相关情况的基础上，判令加害人对受害人的财产损失予以补偿，由当事人合理地分担损失。根据本案案情，本院酌定被告补偿原告损失的40%较为适宜。彭宇不服，上诉至二审，最终原、被告调解结案。

三、对案件的分析，以法官视角

该案是一起比较常见的侵权责任案件，之所以引起关注，是因为彭宇的一句“做了好事要承担责任”,法院的“人性本恶的原罪理论”,以及公平责任原则适用是否恰当,合力成为“扶不扶”的难题。追本溯源,构成侵权责任,首要一般侵权责任构成要件:有加害行为、有损害事实的存在、加害行为与损害事实之间有因果关系、行为人主观上有过错四个方面。此外,就过错与否,还有另外两种特殊的侵权责任:无过错责任原则和公平责任原则,但二者均是严格限制的。在本案中,双方就损害事实的存在均无异议,即原告确实是因为外力的作用导致了骨折。但是对于是否是因为被告的行为导致了原告的跌倒骨折,双方存在较大分歧。在庭审过程中,如何判定原告是否因为被告的行为导致了骨折,这就涉及庭审过程中最核心的内容,即举证和质证。

(一)举证与质证,原告与被告证据分析

根据法律、相关司法解释的规定,当事人提供的证据应当在法庭上出示,由当事人互相质证。未经当事人质证的证据,不得作为认定案件事实的根据。人民法院应当组织当事人围绕证据的真实性、合法性以及与待证事实的关联性进行质证,并针对证据有无证明力和证明力大小进行说明和辩论。能够反映案件真实情况、与待证事实相关联、来源和形式符合法律规定的证据,应当作为认定案件事实的根据,因此,凡是经过质证,即对证据的真实性、合法性和关联性进行质证后的证据,才能作为法庭采纳的证据。

1. 电子文档及其誊写证据

这份证据原告和被告存在很大争议。原告对这份证据的真实性、合法性和关联性均无异议,且这份证据恰恰能证明原告是被被告撞伤。但是被告对此份证据提出了异议。其一,从这份证据属性看,属于书证。根据法律规定,对书证、物证、视听资料进行质证时,当事人有权要求出示证据的原件或者原物。除非(1)出示原件或者原物确有困难并经人民法院准许出示复制件或者复制品的;(2)原件或者原物已不存在,但有证据证明复制件、复制品与原件或原物一致的。在本案中,派出所在接警后,第一时间做了询问笔

录，是纸质版本，承办人员以及原告和被告均在笔录上签名，这是书证的原件。但是，派出所在案件发生后，弄丢了这份笔录。被告认为誊写的材料是第二天誊写的，是处理事故的民警对原告和被告在事发当天和第二天所做的讯问笔录的转述，是“经过加工”的文件，未与讯问笔录核对，因此，对该份证据的真实性提出质疑。被告同时指出，当时记录应该是“原告撞了被告”。在庭审中，原告为了证实该份证据的真实性，原告的儿子拿出了当时用手机拍的证据的照片，但是被告认为，原告证人与原告有利害关系，对其提供证据的真实性同样提出了质疑。

2. 对于证人证言

这份证据原被告之间也存在争议。原告认为：(1)对证人的主体资格提出异议，案发时，出庭证人不在场；(2)就关联性而言，证人没有目睹整个过程，证人只能证明彭宇“扶原告”这个动作，以及接警的警官，对于本案的争议焦点，该证据无法证明原告到底是“被谁所撞”。

(二)审判人员对证据采纳：优势证据原则

根据法律规定，当事人对自己提出的诉讼请求所依据的事实提供证据加以证明。没有证据或者证据不足以证明当事人的事实主张的，由负有举证责任的当事人承担不利后果。审判人员应当依照法定程序，全面、客观地审核证据，依据法律的规定，遵循法院职业道德，运用逻辑推理和日常生活经验，对证据有无证明力和证明力大小独立进行判断，并公开判断的理由和结果。就本案争议核心问题原告是否是被告撞倒，法院通过独立审判判断原告与被告提出的证据的证明力大小问题。

1. 彭宇是否属于见义勇为

第一次庭审，彭宇妻子代他出庭答辩提出：“原告受伤非被告所导致的，不应该承担责任。”第二次庭审，彭宇承认“我下车的时候是与人撞了，但不是与原告相撞”。当被问及把原告扶起来出于什么目的时，他回答“为了做点好事”。“见义勇为”是一个非常重要的抗辩理由，但是为何在第一次庭审期间未提出，被告本人在接受警方询问和第一次庭审时，并没有表示自己是见义勇为，也没有否认相撞的事实，只不过不是“撞人”而是“被撞”。但是却在得知派出所笔录丢失后的第二次开庭时提出，法院认为被告“陈述的时机”不能令人信服。

2. 对被告提出的证人证言

首先，法院对于被告提出的身份质疑，由于证人庭后补充了身份证明，对原告提出的质疑不予采纳；其次，对证人证言综合分析，认为并不能证明原告倒地的原因，当然也不能排除原告和被告相撞的可能性。

3. 对被告讯问笔录的电子文档及其誊写材料认定

电子讯问笔录经过质证后，可以发现，其证明力不是最强。对此，法院结合以下事实认定：其一，根据法律规定，涉及可能有损国家利益、社会公共利益或者他人合法权益的事实，人民法院认为审理案件需要的证据，为了查明事实，法院向这起事故的承办民警就该事件的主要经过做了陈述并制作了谈话笔录，谈话的主要内容为：原、被告之间发生了碰撞。其二，根据城中派出所对原告的询问笔录、对被告讯问笔录的电子文档及其誊写材料等相关证据，被告当时并不否认与原告发生相撞，只不过被告认为是原告撞了被告。其三，根据谁主张谁举证原则，被告并没有提出“被撞”的证据。

综合上述的分析，法院采用了优势证据的原则认为，城中派出所对有关当事人进行讯问、调查，是处理治安纠纷的基本方法，其在本案中提交的有关证据能够相互印证并形成证据锁链，应予采信。

（三）归责原则：行为人主观上是否有过错

作为侵权责任构成要件，除了认定被告对原告的骨折存在因果关系，即因为被告“撞”的行为导致了原告的受伤外，还要证明原告的主观过错，这就是规则原则。一般而言，侵权责任分为过错原则（包括故意和过失）和无过错原则（即不考虑侵权行为人的过错是否存在），这属于严格责任，如环境侵权责任，就属于严格责任。那么，就本案而言，一审法院认为，原告赶车到达前一辆公交车后门时和刚从该车第一个下车的被告瞬间相撞，发生事故。原告在乘车过程中无法预见将与被告相撞；同时，被告在下车过程中因为视野受到限制，无法准确判断车后门左右的情况，故对本次事故双方均不具有过错。也就是说，法院认为这是一起意外事件。在当事人双方对损害均无过错，但是按照法律的规定又不能适用无过错责任的情况下，法院选择了公平责任原则。在考虑受害人的损害、双方当事人的财产状况及其他相关情况的基础上，判令加害人对受害人的财产损失予以补偿，由当事人合理地分担损失，被告承担40％的补偿责任。

四、彭宇案件争议的原因

彭宇案件引起争议有两方面原因。其一，关于因果关系的认定。法院根据优势证据原则认定了彭宇撞了徐某某。其二，关于归责原则。既然是适用公平责任原则，为何彭宇还需承担40％的补偿责任，这个公平吗？

（一）对法院事实认定上的分析

其一，一审法院在认定证据的过程中，就证据大小本身进行了分析。从上述分析中，也可以看出，彭宇提供的证人证言无法证明彭宇与徐某某是否相撞；那么证据就集中在派出所的讯问笔录上，这份笔录又是电子的转述版本，就这份文件而言，通过被告的质证也说明了其证明力度有限，因此，法院制作了当时办案民警的谈话笔录，以此来补强证据；至于原告子女提供的手机拍的“原始”的谈话笔录，由于原告子女与原告存在利害关系，因此，这份证据的真实性也得到质疑。实际上，从上述分析可以看出，该电子誊录稿的证明力度仍然有限。

其二，法院通过自由心证，对为何采纳电子誊录证据做了说明，也就是饱受争议的人性本恶论。(1)根据日常生活经验分析，原告倒地的原因除了被他人的外力因素撞倒之外，还有绊倒或滑倒等自身原因情形，但双方在庭审中均未陈述存在原告绊倒或滑倒等事实，被告也未对此提供反证证明，故根据本案现有证据,应着重分析原告被撞倒之外力情形。(2)人被外力撞倒后,一般首先会确定外力来源、辨认相撞之人,如果相撞之人逃逸,作为被撞倒之人的第一反应是呼救并请人帮忙阻止。本案事发地点在人员较多的公交车站,是公共场所,事发时间在视线较好的上午,事故发生的过程非常短促,故撞倒原告的人不可能轻易逃逸。根据被告自认,其是第一个下车之人,从常理分析,其与原告相撞的可能性较大。(3)如果被告是见义勇为做好事,更符合实际的做法应是抓住撞倒原告的人,而不仅仅是好心相扶;如果被告是做好事,根据社会情理,在原告的家人到达后,其完全可以在言明事实经过并让原告的家人将原告送往医院,然后自行离开,但被告未做此等选择,其行为显然与情理相悖。(4)被告在事发当天给付原告二百多元钱款且一直未要求原告返还。根据日常生活经验,原、被告素不认识,一般不会贸然借款,即便如被告所称为借款,在有承担事故责任之虞时,也应请公交站台上无利害关系的其他人证明,或者向原告亲属说明情况后索取借条(或说明)等书面材料。但是被告在本案中并未存在上述情况,而且在原告家属陪同前往医院的情况下,由其借款给原告的可能性不大;而如果撞伤他人,则最符合情理的做法是先行垫付款项。被告证人证明原、被告双方到派出所处理本次事故,从该事实也可以推定出原告当时即以为是被被告撞倒而非被他人撞倒,在此情况下被告予以借款更不可能。综合以上事实及分析,可以认定该款并非借款,而应为赔偿款。

法律规定,人民法院应当以证据能够证明的案件事实为根据依法做出裁判。审判人员应当依照法定程序,全面、客观地审核证据,依据法律的规定,遵循法官职业道德,运用逻辑推理和日常生活经验,对证据有无证明力和证明力大小独立进行判断,并公开判断的理由和结果。对于第(1)点分析,根据庭审过程中双方没有提出绊倒或滑倒,而是争议焦点集中在谁撞谁的问题,所以,可以得出是“撞倒”的结论;但是对于第(2)(3)(4)点的分析上显然存在逻辑错误和常识错误。该行为不能用“经验分析”的方法得出结论。日常生活经验法则具有为人们“普遍内心确信”和遵从的特点,属于包括法官在内，人们对于事物常态所能体察和识别的公知范畴。虽由法官判断运用，且与其生活阅历、性格、价值观念、职业素养等主观因素密切相关，但不等同于法官个人经验、偏见、模糊认识等。但实践中，法官往往会把个人生活经验、偏见或模糊认识当作“日常生活经验法则”加以运用，将不存在的“日常生活经验法则”当作日常生活经验法则加以运用。日常生活经验法则的本质特征是“法则性”，其与生活常识不能画等号，“只有当常识具有法则属性或者规范意义时才具有经验法则的品质”。[①] 所以，法官把一部分人甚至是一小部分人在被撞倒后的行为认定为普遍性的法则，最终导致社会上得出人性本恶的结论，这段判词对整个社会道德的负面影响，在随后的实践中是巨大的。

所以，从上述的证据和法官说理分析认定彭宇大概率撞了人，在逻辑上存在矛盾。二审期间，双方就是否撞人进一步调取证据，南京中院在南京市公安局指挥中心查找到事发当日双方分别报警时的两份接出警登记表，其中的“报警内容”一栏，均记录了两人相撞的情况，这份证据就是对电子誊录证据的补强。值得一提的是，从客观真实来看，多年后，彭宇也承认了当年确实和老太太发生过相撞。

(二)对公平责任的认定

公平责任认定，源自《民法通则》第一百三十二条“当事人对造成损害都没有过错的，可以根据实际情况，由当事人分担民事责任”。《侵权责任法》第二十四条规定“受害人和行为人对损害的发生都没有过错的，可以根据实际情况，由双方分担损失”。公平责任一般在高空抛物、当事人利益受损但双方均无过错、无民事行为能力人或限制行为能力人致人损害、见义勇为、紧急避险等情况下适用。对于公平原则，有两种观点，一种认为公平原则可以作为一种归责原则，在不属于法定严格责任的情形，而且又难以适用过错

① 张中:《论经验法则的认识误区与实践困境》,《证据科学》,2011 年第 2 期。

责任的情况下所采取的一种补救措施;另一种观点认为公平责任原则是一种分担损失的方式,不应是一种独立的民事侵权责任的归责原则。

公平责任的适用须同时具备以下五个条件:第一,一方必须有致人损害的行为或一方从中受益。第二,有实际发生的较严重的损害。第三,受害人的损失(损害)与行为人的行为有一定的因果关系。第四,双方当事人都没有过错,并且案件不能适用无过错责任原则。第五,如果不分担损失的话,会产生不公平的结果。但在本案中,法官仅因"被告在下车过程中因为视野受到限制,无法准确判断车后门左右的情况,故对本次事故双方均不具有过错"为由,认定原被告没有过错,实际上是不符合逻辑的。因为没有过错,要么这是一起意外事件,要么是不可抗力。意外事件是指不能遇见的原因引起;不可抗力是遇到了自然灾害、社会异常或者是政府行为;无论是原告也好被告也罢,在公共交通站这个人员密集、车辆密集的地方,对周围路况、行人都应该有审慎注意义务。所以,责任认定的彭宇案如果法院认为彭宇与老太太确实发生相撞就应当确定行为人是否有过错以及过错参与度,根据案件事实和调查结果,证据和陈述完全符合民事证据中的高度盖然性标准,可以依据优势证据确定各自的过错,或者无法认定过错适用举证责任规则进行裁判。

公平责任原则的最大特点是当事人对造成的损害都没有过错,由人民法院根据获利方的实际情况,责令获利方给予受害方适当的经济补偿,以显示公平合理的精神。以是否在损害过程中获利或者获利多寡作为分担损害责任的方式,符合民事活动的基本要求,也是现代民法公平原则的具体体现,因此,公平责任原则应该反映这些内容。应当指出,这里所说的"获利"是指既得利益和应得利益,这种利益不单指经济利益,而是泛指各种合法利益。[①] 但是,在实践中公平责任成为一种价值理念的判断,而不是根据行为和法律确定下来的。在本案中,由于一审法院适用了公平责任原则,所以在

① 黄岗:《公平责任原则的问题探讨》,中国法院网,2014 年 5 月 3 日。

损失分担上基本采用了对半分的判决，这实际上在客观上造成了不公平结果。既然被告对原告骨折不承担责任，却让被告承担 40%的补偿责任，且就补偿责任而言，40%是否能称之为补偿，有待商榷。法院在无法认定当事人是否有过错的情形下，采用了各打五十大板的公平责任原则，这显然是无法令人信服的。

五、彭宇案件的反思：劝烟猝死案案件改判

由于法律原因以及舆论的发酵，最终导致社会问题的产生。2017 年《民法总则》确立了好人立法。2017 年的劝烟猝死案，可以看作是彭宇案件的延续，但是这个延续是正面的，避免了彭宇案件的负面影响。劝烟猝死案一审判决，与彭宇案件的判决相似。一审认为，被告的行为与老人死亡没有必然的因果关系，依照《侵权责任法》规定，受害人和行为人对损害的发生都没过错的，可以根据实际情况，由双方分担损失。根据公平原则，法院酌定杨欢向死者家属补偿 1.5 万元。同样，一审把法律和事实认定的公平责任原则，误认为是价值层面的公平责任原则。但是赔偿数额比较小，给予人已经死亡，被告也没有提出上诉。但原告提出上诉，二审法院做出改判，其理由为：一审判决适用法律错误，损害社会公共利益，人民法院依法应予直接改判。二审改判之所以被关注，在于其法律影响和社会影响。在法律上，类似案件，改判概率极低；二审改判从法律上厘清了没有因果关系、没有过错就不承担责任，而不是因为受害人损失巨大，就要求被告承担责任；对社会公众而言，增强了弘扬正义的信心，坚持正确的行为。因为法律最终会维护公平正义。

法律至上问题

一、法律至上的概念

法律至上是指在国家或社会的所有规范中，法律是地位最高、效力最广、强制力最大的规范。现代国家有很多规范，如宗教规范、道德规范、团体规范和行业规范等。法律至上要求这些规范都不得超越法律规范，不得与法律规范相抵触。这里的法律，既包括宪法，也包括其他一般法律。根据《思想道德修养与法律基础》教材，法律至上具体表现为法律的普遍适用性、优先适用性和不可违抗性。

法律的普遍适用性是指法律在本国主权范围内对所有人具有普遍的约束力。所有国家机关、社会组织和公民个人都必须遵守法律，依法享有和行使法定职权与权利，承担和履行法定职责与义务。法律的优先适用性是指当同一项社会关系同时受到多种社会规范的调整而多种社会规范又相互矛盾时，要优先考虑法律规范的适用。法律的不可违抗性是指法律必须遵守，违反法律要受到惩罚。任何人不论权力大小、职位高低，只要有违法犯罪行为，就要依法追究其法律责任。养成法律至上思维，对于自觉遵守法律、维护法律权威意义重大。这是法律至上的理想状态，但是法律作为调节社会生活的基本规范之一，还存在宗教、道德、行业、家庭伦理等方面的规范。在适用法律至上原则时是否会产生冲突，以及冲突时的解决途径是什么。

二、法律与宗教冲突

2013年至2015年,浙江省政府决定在全省深入开展旧住宅区、旧厂区、城中村改造和拆除违法建筑(简称"三改一拆")三年行动。通过三年努力,旧住宅区、旧厂区和城中村改造全面推进,违法建筑拆除大见成效,违法建筑行为得到全面遏制。但2014年,"三改一拆"波及各宗教活动场所,4月底的永嘉三江教堂事件把"三改一拆"与宗教活动场所之间的矛盾推向顶峰,教内教外对如何处理违章宗教活动场所问题议论不绝。那么,依法拆违与宗教活动有冲突吗?

在我国,当宗教与法律冲突时,如何解决。首先,宪法上规定了宗教信仰的自由权。任何国家机关、社会团体和个人不得强制公民信仰宗教或者不信仰宗教,不得歧视信仰宗教的公民和不信仰宗教的公民。国家保护正常的宗教活动。任何人不得利用宗教进行破坏社会秩序、损害公民身体健康、妨碍国家教育制度的活动。宗教团体和宗教事务不受外国势力的支配。其一,公民的宗教信仰自由作为精神自由的一部分,属于绝对领域,不受任何人的干涉,禁止强制公民信仰宗教或不信仰宗教。其二,国家保护正常的宗教活动,而如果宗教活动破坏了社会秩序、损害其他公民的合法权利、损害国家和社会的公共利益,那么就要受到相应的法律制裁。其三,宗教团体和宗教事务不受外国势力的支配。

其次,宗教自由不是无条件的,而是必须在宪法法律规定的范围内活动。我国宪法序言最后一个自然段,全国各族人民、一切国家机关和武装力量、各政党和各社会团体、各企业事业组织,都必须以宪法为根本的活动准则,并且负有维护宪法尊严、保证宪法实施的职责。第五条规定,一切国家机关和武装力量、各政党和各社会团体、各企业事业组织都必须遵守宪法和法律。一切违反宪法和法律的行为,必须予以追究。任何组织或者个人都不得有超越宪法和法律的特权。这里的任何组织或者个人包括了宗教组织和教徒、信众在内的所有组织和个人的行为,包括与外国、境外宗教组织之间的联系等，都要遵守中华人民共和国的宪法和法律，都没有超越宪法和法律的特权，都不得违反宪法和法律的规定。因此，当宗教规范、教义或者行为与宪法法律相抵触时，法律适用优先。

最后，对特殊问题的处理。对于一些特殊情况，在不违反法律基本原则的情况下，可以进行变通处理。如一些地方的殡葬法规根据一些宗教的实际情况，规定宗教教职人员以及部分信众死后可以不实行火葬，而是按照宗教习俗处置遗体；一些民族自治地方行使自治区对国家法规的变通权，颁布对某部法律的实施办法时，也会对少数民族的宗教习俗采取宽容对待。

因此，针对上述案例中，违章建筑宗教活动场所，不属于特例情形，且与我国相关法律相冲突，应该依法予以拆除。

三、法律与伦理道德冲突

在现实生活中，比较常见的是法律与伦理道德之间的冲突。在处理该类冲突时，主要有以下几种情况。

其一，法律优先。当法律价值与道德价值发生冲突时，法律优先适用。王某育有三位子女，其中最小的孩子当时是超生，因此，在小孩一岁左右，便被养父母抱走。三十五年后，当初被抱养的小孩事业有成，但是王某身体却每况愈下，生活拮据。她曾多次联系被抱走的那个儿子，但对方一直不接电话。那么王某是否可以起诉至法院要求小儿子支付赡养费。实际上是非常困难的，我国法律规定子女对父母有赡养的义务，根据《收养法》第二十九条，收养关系解除后，养子女与养父母及其他近亲属间的权利义务关系即行消除，与生父母及其他近亲属间的权利义务关系自行恢复，但成年养子女与生父母及其他近亲属间的权利义务关系是否恢复，可以协商确定。根据该规定，成年子女与生父母的法律权利义务不是法律强行性恢复，而是由双方协商决定。因此，本案中，王某被送养的子女与王某在法律上没有形成父母子女关系，在法律上也就没有赡养王某的义务。当然，从道德角度来看，由于该子女是王某的亲生子女，因此在王某生活拮据时，其有能力赡养而拒绝赡养有些不近人情。

其二，法律与道德的完美结合。当法律价值与道德价值发生冲突时，寻求法律与道德的平衡点，达到法律与道德在价值上的完美结合。2018 年 7 月，有一部《我不是药神》的电影引起了社会的热议。影片中，徐峥饰演的程勇因帮助病友从印度购买仿制药“格列宁”而被法院以销售假药罪判刑，引发广泛讨论。现实中，陆勇就是程勇的原型。陆勇是一位企业家。2002 年，他被查出患有白血病，因为治疗白血病的药物昂贵，他为自己、也帮助病友，从印度购买药物。2014 年陆勇因涉嫌贩卖“假药”被警方带走。针对陆勇的这一行为是否构成犯罪，法律界也有分歧：一种意见认为单纯从《药品管理法》规定“依照本法必须批准而未经批准生产、进口，或者依照本法必须检验而未经检验即销售的”按假药论处。另一种意见认为：“陆勇的行为是一种收购行为，不是销售行为，他是利用自己的英语特长帮助白血病患者从境外购买药品，关键是他没有赚取差价，因此陆勇行为是购买行为。”到底应该怎么认定陆勇的行为？

最后，检察机关采用了第二种建议，陆勇购买和帮助他人购买未经批准进口的抗癌药品的行为，虽然违反了《药品管理法》相关规定，但陆勇行为不是销售行为，不符合《刑法》第一百四十一条的规定，不构成销售假药罪，检察院对陆勇做出不起诉决定。这个案件最关键之处就在于陆勇没有从中获得差价，也就是没有获利，而检方正是抓住这个关键点，结合《刑法》中销售假药罪的构成要件，做出对陆勇不起诉的决定。

其三，促进立法修改。当法律价值与道德价值冲突时，促进对现有法律的修改，获得法律与道德的一致性。2014 年 11 月至 2015 年 1 月，一个叫王力军的人，从周边农民手中收购玉米，再通过他自己购置的脱玉米粒机将玉米脱在车上，最后拉到当地粮库排队出售，获取微薄利润。但是 2014 年底，他在收购玉米时被工商局人员告知违法，根据国家粮食局、国家工商行政管理总局 2004 年 7 月颁发的《粮食收购资格审核管理暂行办法》规定，收购需要营业执照与粮食收购许可证；根据《粮食流通管理条例(2013 修订)》第九条规定，取得粮食收购资格，并依照《中华人民共和国公司登记管理条例》等规定办理登记的经营者，方可从事粮食收购活动。王力军是属于违法出售，该行为触犯了刑法。

2016 年 4 月 15 日，法院做出一审判决，判处王力军有期徒刑一年，缓刑二年，并处罚金人民币二万元，退缴的非法获利款 6 000 元由侦查机关上缴国库。当时，王力军没有提出上诉、申述。

但是该案件因为媒体的报道，被最高人民法院注意，并直接启动了审判监督程序，指令地方法院对案件进行再审。该案引发社会广泛争议，主要存在两种观点：一方认为王力军无证无照收购玉米的行为违反了我国粮食流通领域的有关规定，数额较大，应追究刑事责任；另一方认为，王力军的行为并没有造成社会危害，反而在农民和粮库之间起到了桥梁作用，促进粮食流通，不应该被追究刑事责任。

二审认为，原判决认定的原审被告人王力军于 2014 年 11 月至 2015 年 1 月期间，没有办理粮食收购许可证及工商营业执照买卖玉米的事实清楚，其行为违反了当时的国家粮食流通管理有关规定，但尚未达到严重扰乱市场秩序的危害程度，不具备与《刑法》第二百二十五条规定的非法经营罪相当的社会危害性、刑事违法性和刑事处罚必要性，不构成非法经营罪。同时，法院认为，王力军的行为的确违反了当时的行政管理规定，但不具有社会危害性，而且还在农民和粮库之间架起了一座桥梁，也减少了农民到粮库去送粮的负累，因此不具有刑事处罚的必要性。

巧合的是，在该案指定审理之前，国家粮食局 2016 年 9 月修订了 2004 年的《粮食收购资格审核管理暂行办法》，并于 11 月在国家粮食局官网公布。该法第三条规定，农民、粮食经纪人、农贸市场粮食交易者等从事粮食收购活动，无须办理粮食收购资格。如此，王力军行为本身也不具有违法性了。该案很好地说明了法律与法院对公民权利的积极保护，并通过案件审理推动相关法律法规修订，促进法律制度完善、促进国家治理；同时也使法律与社会的普遍道德观念相一致。

从秋菊和李雪莲的困惑看法治信仰问题

法治的根蒂在于努力把法治精神、法治意识、法治观念熔铸到人们的头脑之中，体现于人们的日常行为之中。[①] 但现实中，公民法治精神、法治意识的实现程度，法治观构建，能否有效外化为公民行为准则，是法治建设的重点和难点。其中，树立法治信仰则是构建法治观、培育法治精神和法治意识的前提与基础，以下基于秋菊和李雪莲的困惑，看法治信仰的实现问题。

一、从秋菊到李雪莲：法律的缺位

艺术往往源于生活。影片《秋菊打官司》和《我不是潘金莲》所反映出的问题，折射出中国百姓法治的缺位和法治信仰的困境。《秋菊打官司》中的秋菊因为盖楼与村长产生纠纷，当丈夫被村长踢中"要害"部位，秋菊要求村长道歉被拒绝后，开始了漫长的"上访之路"。秋菊认为村长是"公家人"，所以政府一定要管，她先后找了乡政府、县公安局和市公安局都无济于事。无奈之下，最终走上了向法院起诉之路。

尽管秋菊因难产，村长送她去医院并顺利产下一个男婴，村长变成秋菊家救命恩人，但仍无法改变村长被法院警车带走的结局。影片在秋菊的迷

① 《习近平法治思想脉络：从"法治浙江"到"法治中国"》，http://theory.people.com.cn/n/2015/0413/c40555-26834603.html。

茫中结尾:我就是要一个说法,没有让他们抓人,他们咋把人抓了呢? ……

不少人认为秋菊是一个为权利而斗争的卫士,但我更倾向秋菊是旧秩序下的牺牲者,是从根本上拒绝法律的人。按现代法律制度,秋菊遇到的是个“小纠纷”,属于简单的民事纠纷,法院可以解决,但是缘何这个“小纠纷”却成为秋菊的困惑? 其症结在于对村长的定位。影片中,秋菊、村长、乡长、县公安、市公安都认为村长系长为官,非普通百姓。所以,村长不给秋菊看文件,是他的“权力”;村长为“官”,对百姓惩戒实属“履行职权”。秋菊“打官司”契合题意,秋菊一定要“官”对“百姓”赔礼道歉,以体现出“清官”。“官”违法,与民同罚,难度可想而知。至于秋菊最后寻求法院救济,那是不得已而为之的行为。直至村长被法警拷走,秋菊仍念念不忘讨个“说法”,即赔礼道歉,别无他求;反而从她最后的言语中感到法院曲解了自己的本意。

因此,秋菊的困惑是试图通过“官”解决纠纷的想法与现代社会纠纷解决法治先行的悖论,法律在秋菊心中是缺位的。

1978 年,党的十一届三中全会提出建设社会主义法制国家,法律这一新生事物,从古老的东方开始成长。秋菊的困惑正是这个时期从人治向法制转型时期的困惑。1999 年,依法治国写入宪法;2012 年,党的十八大提出法治是治国理政的基本方式;2014 年,党的十八届四中全会提出“全面依法治国”,法治建设驶向了快车道,在国家治理体系和国家管理中法治的作用凸显,时隔二十四年之后,从法制发展到法治,尽管公民的法律意识在提高,但《我不是潘金莲》却反映出一部分公民对法治的相似解读。

李雪莲被誉为“当代秋菊”。李雪莲为规避法律强制性规定跟他丈夫“假离婚”后,发现丈夫再婚,于是将丈夫诉至法院,要求确认“离婚是假”。在她诉讼请求得不到支持后,又因丈夫的一句“你就是潘金莲”,开始了漫长的上访之路,要求讨回公道。她先后向法院专委、院长、县长、市长反映。而各级官员开始都以为能很简单地打发一个妇女,却万没料到李雪莲层层上访,最后“告御状”,为阻止李雪莲上访,当地官员不惜出动“警力”,十八般武艺,上演了一幕幕荒诞闹剧。

按照现代法律制度，李雪莲遇到了两个问题，其一，为掩盖非法目的用合法手段的离婚，得不到法院支持；其二，被前夫骂“潘金莲”，可以请求法院恢复名誉。但她的困惑同样是试图通过“官”解决纠纷的想法与现代社会纠纷法治先行的悖论。法律一词同样在她心中是缺位的。

二、对当代中国“秋菊、李雪莲”式人物分析：法治信仰缺位

法治信仰的确立是一个公众从内心深处对法治的认同和自觉自愿地依归的长期过程。法律信仰确立与法律制度构建是相互作用的。只有信仰法治，才能心中有法，在内心尊崇法律，将法治思维作为思维方式，自觉用法律制度规范行为，并能与违法犯罪行为斗争，以达到共同维护法律、树立法律权威的终极目标，实现国家长治久安。法治信仰的缺失首先表现出法律的缺位，秋菊、李雪莲、村长或是国家干部，都试图用行政手段或准行政手段替代法律手段解决纠纷。这也是当前法治转型期，各类矛盾交织，在与法律秩序较量中，形成了对法律不理解、不服从、不遵守的必然结果。

（一）新的法律秩序构建与旧的准行政秩序之间的博弈

就中国而言，改革开放开启了社会主义市场经济。市场经济从本质上说是在市民社会发展的框架体制下的陌生人之间的权利义务关系。调整陌生人权利义务关系最有效的手段是法律。现代法律具备了一个最基本的特点，即提倡平等，包括程序平等、立法平等、执法平等、司法平等。因为有平等的法律规则，才可以使任何个人或组织事先按照法律规则组织自己行为，并据此而获得可预见的后果。所以，市场经济必须是法治经济，在市场经济下的主体，要按照法律制度、法律规范调整行为准则。

市场经济制度建立与市场经济观念建立并未同步，尤其在法治领域，人与人之间的关系仍处在从熟人关系向陌生人关系过渡阶段。在熟人社会中，在处理纠纷上，人们更希望通过行政或准行政方式解决。如父母官为民

做主、依靠族长力量或依靠“有威望”的人来解决纠纷。比如“秋菊、李雪莲”，她们在面对村长、法院甚至丈夫时，是“弱势群体”，她们需要依靠另一方强势的力量来平衡自己的权力，于是找到了政府。但这种逻辑是建立在个体间不平等基础之上，显然与市场经济体制下法治运行相悖离。

（二）“依法解决”的高成本与“私自救济”的低成本之间博弈

当前，尚缺乏“有问题依靠法律来解决”的法律思维解决机制，而“私自救济”却存在空间广阔，如医闹、校闹等问题不时见诸报端。“闹”的根源在于，其一，“成功经验型”。受害人不闹，大部分无法获得预期利益；但只要“坚持不懈地闹”，一定可获得比预期更多的利益。其二，“畏惧司法型”。司法程序漫长而繁缛，客观上造成有些受害人无法承受之重。如工人讨薪，首先是仲裁前置，然后采用司法程序，涉及受理、立案、开庭、审判，在此期间还要准备大量的证据以防举证不能承担败诉风险；就算权益维护，但这只是“期待权”，紧接着面临执行问题，又要经历漫长的等待，甚至是永远的“期待”。其三，“对手心理惧怕型”。对对手而言，如果原告启动诉讼程序，反而不慌不忙，对原告提出的请求怠慢甚至不回应，一切等待法院判决；但如果原告采取闹的手段，有些企业出于自身的形象，往往会息事宁人，尽快支付报酬；同样，有些部门出于维稳、政绩需要，也会尽快偃旗息鼓。这些都是建立在对现实了解基础上的“私自救济”。与“自力救济”是两回事，“私自救济”是建立在“闹”的基础上，救济手段的边界往往违反法律；而“自力救济”是在合法的框架下的自我救济。法虽立，却被束之高阁。扭转这种局面需政府、社会、个人共同协力，必须要强调“人民权益要靠法律保障，法律权威要靠人民维护”的观念。

（三）司法解决机制受网络环境下舆论制约

就司法解决机制而言，应强调独立性，不受外界的干扰。在实践中，互联网高速发展，自媒体时代膨胀，争端解决不再囿于一个封闭空间。从争端发生到最终解决都是以媒体、网络等为载体，具有覆盖面广、传播速度快、可靠性低并易对司法施压等特点。2006年，湖南女教师黄某裸死在宿舍，通过网络不断发酵，最后导致五次尸检，六次鉴定，随后，类似的案件层出不穷。

必须明确司法公开和媒体、民众的介入司法是两回事。自媒体、网络的介入，成为所谓的“无冕之王”，很多矛盾，通过网络发酵成为复杂的、口诛笔伐的大矛盾，转移焦点，并在此过程中，对司法做出不准确、非主流的评价，司法公信力受挫，同时也形成“法律不完善，法律无用论”的误论。

在与各种力量的博弈中，只有树立法治信仰，法律才能在各种博弈中脱颖而出。法治之所以需要被信仰，是因为法律不仅仅是一种工具，而且蕴含着人类追求的崇高的价值目标。[①] 依法办事应当是现代社会最便捷、最公正的方式；也是调整人与人之间关系最明晰的手段，更是构建国家、政府、社会三者良性循环的基本框架。让法律发挥作用，消弭法律运行中的不公正、不完善现象，进而树立法治信仰。

三、法治信仰实现路径

（一）以“民”为中心的良法善治是确立法治信仰的前提

2018年，十三届人大修改的宪法序言，从健全社会主义法制到健全社会主义法治。法治，即良法善治，这是法治精神所在。强调“法治信仰”而非“法律信仰”在于法律制度本身为中性词，有良法与恶法之分，追求良法之治是民主社会的目标，而平等则是法治的核心价值。唯平等，才能实现自由、公平和公正的价值目标，其中，核心是通过法治制约国家权力、保障人权，实现以“民”为中心的法治精神。

首先，立法为民。法律是对社会、国家、个人权利、义务、责任的分配。法律能够回应人民生活中的突出问题，不断增强人民的幸福感和获得感，实

---

① 《做习近平新时代中国特色社会主义思想的忠诚信奉者和坚定实践者》，人民网，2018年7月5日。

现人的全面、自由发展。习近平总书记指出，人民对美好生活的向往，就是我们的奋斗目标。[①] 我国是社会主义国家，坚持中国共产党的领导是中国特色社会主义最本质特征，党领导人民实现当家作主，一方面，人民通过各种途径参与法律制定，表达自己的诉求，行使管理国家事务的权利；另一方面，人民通过选举的代表行使国家立法权。其次，平等保障和维护人民的权益。法律的作用就是通过调动各方因素，化解矛盾，解决问题，使人民共享改革成果；通过严格执法、公正司法，健全司法体制机制，保障人民权益的实现。其三，制约国家权力。法律的实质在于建立一种以正确理性、具体规则和正当程序为基本特质的治理秩序和参与秩序，使法律成为国家、社会最高层次的治理规则，成为解决纠纷的最终途径。[②] 杜绝钓鱼执法、违法执法、执法不规范等现象。任何人都没有法律之外的绝对权力，任何人行使国家权力都必须为人民服务、对人民负责并自觉接受人民监督。健全施政行为公开制度，保证领导干部做到位高不擅权、权重不谋私。[③]

（二）司法者要坚守法治，提升司法公信力是法治信仰的基石

司法者是专职法律工作者，是社会公正的维护者，公正司法对于保障法治信仰具有重要作用。当前阻碍法治信仰的一大问题在于公民对司法公信力信心不足，采用非法律手段救济层出不穷。因此，第一，防止司法违法现象。人情案、关系案、判者不审、审者不判、领导干部干预司法，执行率低、司法不公开等问题存在，严重挫败了司法公信力。为此，党的十九大报告指出，要深化司法体制综合配套改革，全面落实司法责任制，推行检察官、法官员额制度，让一批专业能力过硬、道德素质过强的法律工作者进入司法领域。第二，消除司法神秘感。多数人对司法了解仅停留在“传闻”，或影视剧

---

① 《十八大以来重要文献选编》（上），中央文献出版社 2014 年版，第 70 页。

② 苏荣：《谈谈法治信仰培育中的两个责任》，《青海日报》，2016 年 12 月 5 日。

③ 《习近平 2013 年 1 月 22 日在十八届中央纪委二次全会上的重要讲话》，新华网，2015 年 4 月 28 日。

中的司法，对司法颇有偏见。《中共中央关于全面深化改革若干重大问题的决定》中提出推进审判公开、检务公开，让百姓看得见，时时感受司法的公正。司法机关要以更加主动的姿态开门让百姓了解法，不仅“请进来”，还要“走出去”。比如通过送法下乡、庭审进校园、庭审进社区、网络直播等多种形式让公众更多地了解司法主体、司法程序、司法权力在审判中的运用。通过公开司法裁判文书，将司法放在阳光下，提升司法公信力，保障民众的知情权、参与权；建立民众自信心。只有通过法院审判，才能获得最公正的裁判，法治是生活中不可或缺的一部分。第三，提高诉讼效率。一些纠纷之所以避开法院，是因为法院诉讼程序期间太长，往往是超期限审判。为此，最高法院对审限、开庭次数以及间隔等问题出台相关司法解释，确保在审限内完成，以提高诉讼效率。

(三)加强以宪法为核心的法制教育是树立法治信仰的实践基础

宪法是根本大法，首先，应加强宪法的教育。我们现阶段呈现思想多样化、利益多元化、矛盾凸显化的特点。规范、整合社会最为理性的力量就是宪法法律，因为宪法法律体现的是上升为国家意志的全体人民意志。任何人，不分年龄、民族、收入情况，在宪法法律面前都是平等的，都必须遵守宪法法律。从一定意义上讲，法律是社会的最大凝聚力，培育法治信仰的过程，就是在不同的社会群体、不同的利益诉求、不同的价值取向和不同的意志主张中，寻求和扩大社会“最大公约数”的过程。[①] 其次，要加强对部门法律制度的教育。借助于宪法日、3·15 消费者权益保护日，“五一”国际劳动节等，各级政府、学校组织开展以宪法为核心的法律制度教育，以案说法，领悟法律内涵。再次，开展体验式法治教育。法治信仰是一个过程，结合不同的对象，开展体验式的教育模式，通过法律运行，诠释良法善治；强化个体受制裁后的救济时段、救济方法和救济途径的完善，改变传统法律教育重义务

① 王晓光:《培育人们的法律信仰》，人民网，2017 年 1 月 16 日。

轻权利、重实体轻程序、重文本轻体验的教育模式。

法治信仰的建立才是化解秋菊、李雪莲式的困惑的唯一解决路径，也是全民法律素质提升的逻辑起点。

关于法不责众与全民守法相关问题

党的十八届四中全会通过的《中共中央关于全面推进依法治国若干重大问题的决定》指出，在中国共产党领导下，坚持中国特色社会主义制度，贯彻中国特色社会主义法治理论，形成完备的法律规范体系、高效的法治实施体系、严密的法治监督体系、有力的法治保障体系，形成完善的党内法规体系，坚持依法治国、依法执政、依法行政共同推进，坚持法治国家、法治政府、法治社会一体建设，实现科学立法、严格执法、公正司法、全民守法，促进国家治理体系和治理能力现代化。科学立法、严格执法、公正司法、全民守法构成了全面依法治国的基本格局。其中，科学立法是前提、严格执法是关键、公正司法是防线、全民守法是基础。邦国虽有良法，要是人民不能全部遵循，仍然不能法治。法律的权威源自人民的内心拥护和真诚信仰。但实践中，存在不遵守法律、不信仰法律现象，其中原因之一即为法不责众。那么，为什么会出现法不责众，该问题如何破解，全民守法又如何培育，以下将围绕上述问题展开探讨。

一、法不责众概述

法不责众取其字面意思，即法律不能追究大多数人的责任。究竟缘何不能追究，有两种情况。

其一，当某项行为具有一定的群体性或普遍性时，即使该行为含有某种不合法或不合理因素，法律对其也难以惩戒。显然，这种情形经常见到，因为立法本身即是对现有社会权利、责任和义务的分配，当这种分配机制失衡时，就会出现立法与实际的不适应，在立法尚未完善之前，会出现法不责众现象，以此来补强立法的漏洞，就此问题更多是通过立法修改完善实现，属于立法技术层面，不予探讨。

其二，如果法不责众中的“法”不存在问题，也就是说法律规范是合理的、合法的，那么，只能是“众”的原因。我国《宪法》第三十三条规定，中华人民共和国公民在法律面前一律平等。这里的平等应包含公民守法平等和适用法律平等两方面，就法律而言，只要公民违法，就应当平等地适用法律。但为何“不责”，就是因为是众人违法。难么，众人违法，是不能、不宜还是不忍适用法律？显然，“不责”的原因更多是存在于执法和守法上。

【案例呈现】

哄抢橘子事件

2018 年 10 月 17 日，在陕西西汉高速洋县段一辆满载橘子的大货车发生追尾，司机受伤。随后大货车被交警拖至洋县朱鹮大道上，货主为了减少损失，一筐 50 斤的橘子只卖 30 元。最初，有个好心人不仅帮他看车，还买来纸笔帮他写广告销售橘子；后来有更多的多好心人帮着买并主动给钱；但再后来，当买橘子的人越来越多时，就有人开始偷拿橘子，临走也不给钱。虽然报警了，民警也就是驱散了人群……类似这样的报道，时有见诸报端。

二、法不责众原因

就上述事件，造成法不责众困局主要有以下几方面原因：

（一）高司法成本

司法成本是执法过程中需要考虑的重要因素，尤其是在司法资源有限的情况下。在本案中，警察接警后，主要的执法手段就是将人群驱散，就警察而言，其执法完毕。为什么警察执法手段仅是驱散人群？因为警察无论是采取罚款还是拘留，都要启动一系列程序，如调查、执行、申诉等等。四五十人抢走一吨多橘子，除非有证明表明有人组织，参与者应对总的损失负责，否则，对于“各自为战”的每个违法者，警察取证非常困难。

(二)违法行为较轻

在绝大部分法不责众的案例中，之所以会产生司法成本高，主要亦是相对于轻微违法行为而言。正是由于轻微违法事件，与高司法成本形成了鲜明对比，很多违法案件也就不了了之。违法者也就是抓住了执法者的心态，“屡试不爽”，这是造成法不责众的客观困局。

(三)博弈心理

在法不责众事件中，有一部分违法者存在博弈心理。以上述案例为例，最初路人是帮忙兜售橘子，但是在看到有人偷拿橘子“相安无事”之后，认为不拿白不拿，自己就开始加入“拿”的行列；执法人员到来后，并未做出实质性的处罚，这就增强了“拿”的人的“信心”。即便当时执法人员做出处罚，因为偷橘子的人数众多，受罚者会认为“凭什么就处罚我一个人?”在这种“一碗水端平”的心态中，会发现处罚谁都很难。这种博弈心理其实质是行为人内心的私欲以及从众的心理。而且，从众行为中更多的是对“违法行为”的从众，而非对“合法行为”的从众。

(四)违法群体的不特定性

法国学者勒庞认为:“我们的行为通常是受我们的价值观、道德规范，以及我们成长过程中所习得的社会规范制约的。但在群体的情境下，我们有时会失去对自己行为负责的感觉。我们的控制系统被削弱，而攻击和性的冲动被自由地释放出来，结果可能会导致暴力和不道德的行为。”[①]法不责众，更容易在陌生群体中发生。因为群体之间是陌生的，违法群体之间不存在交集，在这个陌生的群体中，别人不知道他们是谁，即使破坏了法律、违背了道德，也对他们影响不大。在上述案例中，车子停在高速路上，来往均为陌生人，而且很多人也只是第一次路过该处，谁也不认识谁，道德规范、耻感文化都随之降低，不抢白不抢。这种情形，在“中国式过马路”中也经常出现，因为看到了群体在闯红灯，有些人会觉得不闯红灯有点“吃亏”，不闯红灯就是“另类”，在一个违法的群体中，错误往往会被放大。

三、法不责众问题的完善

法不责众问题的存在，降低了全民守法率。要减少法不责众现象，提升全民守法，让法真正刻在公民心中，需要多管齐下，培育公民良好的守法意识。

（一）完善立法，形成层次分明的责任梯度

法不责众首要问题是违法成本低、执法成本高，司法制裁的缺位是法不责众屡屡发生的重要原因。而就执法而言，现在不是缺乏相应的强制性法律规范，而是能不能落实相应的法律规范。以上述哄抢行为为例，当前我国形成了刑法、行政法、民法层次分明的法律责任梯度。《刑法》第二百六十八条“聚众哄抢罪”对首要分子和积极分子进行处罚，聚众哄抢公私财物，数额较大或者有其他严重情节的，对首要分子和积极参加的，处三年以下有期徒刑、拘役或者管制，并处罚金；数额巨大或者有其他特别严重情节的，处三年以上十年以下有期徒刑，并处罚金。《治安管理处罚法》第二条规定，对扰乱公共秩序，妨害公共安全，侵犯人身权利、财产权利，妨害社会管理，具有社会危害性，依照《中华人民共和国刑法》的规定构成犯罪的，依法追究刑事责

① ［法］勒庞著，冯克利译：《乌合之众》，中央编译出版社 2004 年版，第 34 页。

任;尚不够刑事处罚的,由公安机关依照本法给予治安管理处罚。这是一个总则性条款,除此之外,第二十三条、第三十二条规定了具体行政违法行为的法律责任。《民法通则》第七十五条规定,公民的合法财产受法律保护,禁止任何组织或者个人侵占、哄抢、破坏或者非法查封、扣押、冻结、没收。为降低法不责众现象发生,立法者可以在具有可操作性的法律执行和法律惩罚措施上着力完善。

(二)加强执法力度,提升公民法律意识

公民法律意识提升需要多管齐下,稳步推进。2020 年是“七五”普法收官年。“七五”普法提出,把法治教育纳入国民教育体系;建立法官、检察官、行政执法人员、律师等以案释法制度,充分运用典型案例和社会热点问题,开展生动直观的法治宣传教育,彰显法治威严。执法、司法人员以案释法,是对公民法律意识提升的主要途径。比如,2014 年,甘肃榆中县和平镇柳沟河高速公路出口匝道的急弯道上发生一起卡车侧翻事故,6 万多斤橘子因聚众哄抢,最终只有 2 000 多斤到了货主手中。这也是一起哄抢事件,但执法人员在处理违法事件时,并不因为“众”而不责。榆中警方抽调 20 多名民警查处该案,警方通过辨认照片、视频、入户走访调查等多种措施,共走访和平镇当地居民 1 000 余人。通过大量调查取证,确定和平村徐某等 34 名村民参与当日聚众哄抢橘子的行为。4 名积极参加哄抢者被行政拘留并处罚款,还有 30 人受到批评教育等处理。这则案例告知公民,针对违法行为,法律是可以惩处的,人数众多亦不例外,虽然调查取证时间长、人数多,但是案情是可以理清的,通过行政执法人员加大执法力度,转“法不责众”为“法应责众”,让所有人都能真切体会到法律带来的公平正义,进而从行为上恪守法律规范,提升法律意识,切实维护法律的权威性。司法人员亦可以对此类案件,通过巡回审判、送法下乡的方式,通过公平、公正的判决,让公民在现实案例中,感受到法律的执行力、公信力和影响力。

(三)多层次多领域依法治理

在上述原因中亦提到,法不责众发生的背景具有群体的不特定性,更多是在陌生环境中发生,个体基本上处于匿名状态,这就助长了其破坏规范的冲动。匿名性弱化个体的自我责任意识,消减责任感,更容易对情境线索做出回应。通过多层次多领域的相互作用可以有效避免个体匿名状态。改革开放以来,中国的社会结构从乡土中国的单一熟人社会向复杂多变的陌生人社会转变,在陌生人社会中规则意识尤为重要,但这种规则意识更多是一种被动的、强制性的意识;且超前于个体的思维模式。在熟人社会中也存在规则意识,但这种规则意识是建立在人与人情感之上的规则,如何将这种建立在情感之上的规则意识转换成建立在理性之上的规则意识,如市民公约、乡规民约、行业规章、团体章程等社会规范,这些规范“上接法律法规‘天线’,下接城乡实际‘地气’”,一方面通过发挥这些准法律机制约束公民的行为;另一方面,这些机制作用更多的是在一个封闭的环境中,公民的道德、责任意识会更加强。公民法律意识培养是一个渐进式的过程,更应该注重培养公民日常行为准则,而市民公约、乡规民约、行业规章、团体章程等多领域多层次治理,恰好起到了补强遵守法律的不足。

(四)减少博弈心理,加强惩戒监督机制

针对法不责众大部分是轻微违法事件,采用德治手段完善法律问题尤为必要。可以通过健全全民守法信用记录,完善守法诚信褒奖机制和违法失信行为惩戒机制。比如闯红灯等违反交通规则行为,与个人诚信记录相联系,违法者在贷款、个人授信,甚至就业、升学等方面受到限制,进而减少违法行为的发生率。亦可以采用累进违法成本破解该难题。法不责众一方面是人数众多,另一方面是轻微违法行为无法处罚。对于违法者,可以采用加倍处罚,也就是说将其他违法者成本加成到被处罚者,让违法者承担起更多的“众”的责任。这也是一种博弈心态,这种博弈不是逃脱法律制裁的博

弈，而是有可能被加重法律制裁的博弈，对违法者而言，将执法高成本转换为违法高成本，进而减少、限制违法行为。

（五）培育公民权利意识

法不责众本身反映了公民被动守法，公民被动守法也反映在公民对自己的权利保护意识淡薄，往往公民的心态是能忍则忍。既然公民对自己的权利意识淡薄，采取大事化小、小事化了的心态，那么，同样公民对他人的权利亦是如此。因此，对于公民而言，只有尊重了自己的权利，有“为权利而斗争”的思维，才能尊重他人的权利，采用从被动守法到主动守法，全民守法问题也就迎刃而解了。

实践篇

模拟法庭操作指引

现以民间借贷为例，列举包括证据制作、诉讼文书制作以及庭审笔录在内的模拟法庭操作指引。

一、模拟法庭案例介绍

原告：吴三，男，1980 年 11 月 3 日生，汉族，住上海市奉贤区甲乙丙路 222 弄 2 号 101 室。

被告 1：李四，男，1960 年 7 月 16 日生，汉族，住上海市徐汇区中山东一路 602 弄 3 号 202 室。

被告 2：张五，女，1955 年 4 月 17 日生，汉族，住上海市徐汇区中山东一路 602 弄 3 号 202 室（两被告系夫妻）。

2017 年 5 月，李四由于他好朋友贾某需要资金周转，通过中介，以自己名义向吴三借款 55 万元，双方签订了《借款合同》。

《借款合同》约定：原告借款 55 万元给被告，借款周期为 6 个月，即 2018 年 6 月 1 日至 2018 年 11 月 30 日止，利率为月利率 1.5%，次月 1 日返还利息，待借款到期之日起 3 个工作日内，偿还剩余本金及利息。逾期还款的，超过一个月的，按照月率 2.5%承担逾期利息，并承担本金 2.5%的违约金。违约方承担实现债权之费用（包括但不限于甲方支出之律师费、诉讼费、差旅费）等，同时约定，李四将其所有的徐汇区中山东一路 602 弄 3 号 202 室房产作为抵押。

2018 年 5 月 31 日，吴三通过其母亲，将借给李四的钱打入李四指定账户。从 2018 年 6 月 1 日至 2018 年 11 月 30 日，李四按照合同约定支付利息，但从 2018 年 12 月 1 日起至今，李四未归还本金、也未归还自 2018 年 12 月 1 日后的借款利息。2020 年 1 月，吴三聘请律师，将李四和张五诉讼至法院，要求李四和张五承担相应违约责任。

二、案例中基本证据材料

(1)收条原件；(2)付款凭证，吴三母亲支付 55 万元；(3)银行流水(支付 55 万元)；(4)吴三母亲情况说明，代吴三支付李四 55 万元；(5)李四还款记录；(6)律师代理合同发票；(7)借款合同；(8)李四、张五婚后财产协议。

三、本案中涉及的法律链接

本案中涉及了二部法律、二部司法解释。

(一)《合同法》(1999 年 10 月 1 日施行)

第一百零九条：当事人一方未支付价款或者报酬的，对方可以要求其支付价款或者报酬。

第一百一十四条：当事人可以约定一方违约时应当根据违约情况向对方支付一定数额的违约金，也可以约定因违约产生的损失赔偿额的计算方法。

第二百条：借款的利息不得预先在本金中扣除。利息预先在本金中扣除的，应当按照实际借款数额返还借款并计算利息。

第二百零一条：贷款人未按照约定的日期、数额提供借款，造成借款人损失的，应当赔偿损失。

借款人未按照约定的日期、数额收取借款的，应当按照约定的日期、数额支付利息。

第二百零五条:借款人应当按照约定的期限支付利息。对支付利息的期限没有约定或者约定不明确,依照本法第六十一条的规定仍不能确定,借款期间不满一年的,应当在返还借款时一并支付;借款期间一年以上的,应当在每届满一年时支付,剩余期间不满一年的,应当在返还借款时一并支付。

第二百零七条:借款人未按照约定的期限返还借款的,应当按照约定或者国家有关规定支付逾期利息。

(二)《最高人民法院关于审理民间借贷案件适用法律若干问题的规定》(法释〔2015〕18号)

第二条:出借人向人民法院起诉时,应当提供借据、收据、欠条等债权凭证以及其他能够证明借贷法律关系存在的证据。

当事人持有的借据、收据、欠条等债权凭证没有载明债权人,持有债权凭证的当事人提起民间借贷诉讼的,人民法院应予受理。被告对原告的债权人资格提出有事实依据的抗辩,人民法院经审理认为原告不具有债权人资格的,裁定驳回起诉。

第九条:具有下列情形之一,可以视为具备合同法第二百一十条关于自然人之间借款合同的生效要件:(一)以现金支付的,自借款人收到借款时;(二)以银行转账、网上电子汇款或者通过网络贷款平台等形式支付的,自资金到达借款人账户时;(三)以票据交付的,自借款人依法取得票据权利时;(四)出借人将特定资金账户支配权授权给借款人的,自借款人取得对该账户实际支配权时;(五)出借人以与借款人约定的其他方式提供借款并实际履行完成时。

第十九条:人民法院审理民间借贷纠纷案件时发现有下列情形,应当严格审查借贷发生的原因、时间、地点、款项来源、交付方式、款项流向以及借贷双方的关系、经济状况等事实,综合判断是否属于虚假民事诉讼:

(一)出借人明显不具备出借能力;

（二）出借人起诉所依据的事实和理由明显不符合常理；

（三）出借人不能提交债权凭证或者提交的债权凭证存在伪造的可能；

（四）当事人双方在一定期间内多次参加民间借贷诉讼；

（五）当事人一方或者双方无正当理由拒不到庭参加诉讼，委托代理人对借贷事实陈述不清或者陈述前后矛盾；

（六）当事人双方对借贷事实的发生没有任何争议或者诉辩明显不符合常理；

（七）借款人的配偶或合伙人、案外人的其他债权人提出有事实依据的异议；

（八）当事人在其他纠纷中存在低价转让财产的情形；

（九）当事人不正当放弃权利；

（十）其他可能存在虚假民间借贷诉讼的情形。

第二十九条：借贷双方对逾期利率有约定的，从其约定，但以不超过年利率24%为限。

未约定逾期利率或者约定不明的，人民法院可以区分不同情况处理：

（一）既未约定借期内的利率，也未约定逾期利率，出借人主张借款人自逾期还款之日起按照年利率6%支付资金占用期间利息的，人民法院应予支持。

（二）约定了借期内的利率但未约定逾期利率，出借人主张借款人自逾期还款之日起按照借期内的利率支付资金占用期间利息的，人民法院应予支持。

第三十条：出借人与借款人既约定了逾期利率，又约定了违约金或者其他费用，出借人可以选择主张逾期利息、违约金或者其他费用，也可以一并主张，但总计超过年利率24%的部分，人民法院不予支持。

（三）《婚姻法》（2001年修正）

第四十条：夫妻书面约定婚姻关系存续期间所得的财产归各自所有，一方因抚育子女、照料老人、协助另一方工作等付出较多义务的，离婚时有权向另一方请求补偿，另一方应当予以补偿。

第四十一条：离婚时，原为夫妻共同生活所负的债务，应当共同偿还。共同财产不足清偿的，或财产归各自所有的，由双方协议清偿；协议不成时，由人民法院判决。

（四）最高人民法院关于适用《中华人民共和国婚姻法》若干问题的解释（二）（法释〔2003〕19号）

第二十四条：债权人就婚姻关系存续期间夫妻一方以个人名义所负债务主张权利的，应当按夫妻共同债务处理。但夫妻一方能够证明债权人与债务人明确约定为个人债务，或者能够证明属于《婚姻法》第十九条第三款规定情形的除外。

四、诉讼文书

（一）委托书

委 托 书

根据法律规定现委托上海甲乙丙律师事务所A律师、B律师为贵院受理的吴三与李四、张五民间借贷纠纷一案中原告吴三的代理人，并希于开庭前通知代理人，以便出庭。

受托代理权限：

代为起诉，代为调查，代为签署起诉状，提供证据，代为出庭，自行和解，接受调解，代为承认、放弃、变更诉讼请求，提出反诉，提起上诉，申请撤诉，申请执行，代为领取执行款项，代为签署有关文书和转委托权等。

此致

上海市奉贤区人民法院

委托人：吴三
2020年1月2日

(二)民事起诉状

民事起诉状

原告：吴三，男，汉族，1980年11月3日生，身份证号：×××××，住本市奉贤区甲乙丙路222弄2号101室。

被告1：李四，男，汉族，1960年7月16日生，身份证号：×××××，住本市徐汇区中山东一路602弄3号202室。

被告2：张五，女，汉族，1965年4月17日生，身份证号：×××××，住本市徐汇区中山东一路602弄3号202室（两被告系夫妻）。

诉讼请求：

1. 请求判令被告李四偿还借款本金550 000元；

2. 请求判令被告支付自2018年12月1日起至实际返还之日止期间的利息（以550 000元为基数，按照月利率2.5%计算）；

3. 请求判令被告李四支付律师代理费1万元；

4. 请求判令被告李四支付违约金13 750元；

5. 请求判令被告张五对以上所述费用承担连带责任；

6. 本案诉讼费由被告方承担。

事实及理由：

2018年5月，被告李四通过中介向原告借款人民币55万元。2018年5月31日，双方签订《借款合同》，合同约定：原告借款55万元给被告，借款周期为6个月，即2018年6月1日至2018年11月30日止，利率为月利率1.5%，次月1日返还利息，待借款到期之日起三个工作日内，偿还剩余本金及利息。预期还款的，超过一个月的，按照月率2.5%承担逾期利息，并承担本金2.5%的违约金。违约方承担实现债权之费用(包括但不限于甲方支出之律师费、诉讼费、差旅费)等。被告自愿以其所住徐汇区中山东一路602弄3号202室房产作为抵押。同日，原告通过其母账户向被告转账55万元。

2018年7月1日—12月1日，被告支付六个月的利息后，就未还过任何款项，其间，原告多次催促，被告均置之不理，因两被告系夫妻关系，为维护原告合法权益，特向贵院提出诉讼，请求贵院支持原告诉讼请求。

此致

上海市奉贤区人民法院

具状人：吴三

2020年1月2日

附：证据目录

序号	内　容	证　明
第一组	《收条》《情况说明》《流水账单》《付款凭证》	被告收到原告支付的55万元
第二组	《还款流水》	被告还款情况
第三组	《借款合同》	双方权利义务
第四组	《律师代理合同》以及收据	原告因此支付律师费

(三)庭审过程

上海市奉贤区人民法院

庭审过程

审判员：

书记员：

案　由：民间借贷

案　号：(2020)沪0120民初1001号

时　间：2020年5月6日上午8:35至　　时　　分

开庭地点：奉贤区人民法院民事审判模拟法庭

第1次开庭，旁听人数：　人

审判员：

书记员：

原　告：

被　告：

【书记员】请双方当事人及其诉讼代理人入庭。

现在宣读法庭纪律：

一、服从法庭指挥，尊重司法礼仪；

二、不得鼓掌、喧哗、哄闹、随意走动；

三、不得对庭审活动进行录音、录像、摄影，或者通过发送邮件、博客、微博等方式传播庭审情况，但经人民法院允许的新闻记者除外；

四、旁听人员不得发言、提问；

五、不得实施其他扰乱法庭秩序的行为。

对于违反法庭纪律的诉讼参与人或旁听人员，审判员可以警告、制止，并进行训诫。不听制止的，可以指令法警强行带离法庭，直至依法追究刑事责任。

全体起立，请审判员入庭。

【书记员】报告审判员，开庭前的各项准备工作已经就绪，可以开庭。

【审判员】请坐下。核对到庭当事人信息，原告本人是否到庭？

【原告代理人】未到庭。

【审判员】请委托诉讼代理人将原告的姓名、性别、出生年月日、民族、籍贯，委托诉讼代理人的姓名、工作单位和代理权限一一进行陈述。

【原告代理人】吴三，男，汉族，1980年11月3日生，住本市奉贤区甲乙丙路222弄2号101室。委托代理人A，上海甲乙丙律师事务所律师，代理权限：特别授权。

【审判员】被告本人是否到庭？

【被告李四】到庭。

【被告张五】到庭。

【审判员】请两被告分别陈述各自姓名、性别、出生年月日、民族、籍贯。

【被告李四】李四，男，汉族，1960年7月16日生，住本市徐汇区中山东一路602弄3号202室。

【被告张五】张五，女，汉族，1955年4月17日生，住本市徐汇区中山东一路602弄3号202室。

现在开庭

【审判员】上海市奉贤区人民法院依法公开开庭审理原告吴三诉被告李四、张五民间借贷一案。本案适用简易程序，由审判员××独任审理，书记员×××担任记录。当事人必须依法行使诉讼权利，自觉遵守诉讼秩序，听从法庭的指导。依照我国民事诉讼法有关条款的规定，当事人在诉讼中享有诉讼权利，还有申请回避的权利，即认为本案审判人员、书记员等与本案存在直接利害关系或其他关系，可能影响案件公正审理的，可以提出事实或理由申请回避，双方是否申请回避？原告是否需要申请？

【原告代理】不需要。

【被告李四】不需要。

【被告张五】不需要。

法庭调查阶段

【审判员】下面进行法庭调查，原告陈述诉讼请求。

【原告代理人】(1)请求判令被告李四偿还借款本金550 000元；(2)请求判令被告支付自2018年12月1日起至实际返还之日止期间的利息（以

550 000 元为基数,按照月利率 2.5%计算);(3)请求判令被告李四支付律师代理费 1 万元;(4)请求判令被告李四支付违约金 13 750 元;(5)请求判令被告张五对上述费用承担连带责任;(6)本案诉讼费由被告方承担。

【审判员】事实和理由?

【原告代理人】2018 年 5 月,被告李四通过中介向原告借款人民币 55 万元。2018 年 5 月 31 日,双方签订《借款合同》,合同约定:原告借款 55 万元给被告,借款周期为 6 个月,即 2018 年 6 月 1 日至 2018 年 11 月 30 日止,利率为月利率 1.5%,次月 1 日返还利息,待借款到期之日起三个工作日内,偿还剩余本金及利息。逾期还款的,超过一个月的,按照月率 2.5%承担逾期利息,并承担本金 2.5%的违约金。违约方承担实现债权之费用(包括但不限于甲方支出之律师费、诉讼费、差旅费)等。被告自愿以其所住徐汇区中山东一路 602 弄 3 号 202 室房产作为抵押。同日,原告通过其母账户向被告转账 55 万元。

2018 年 7 月 1 日—12 月 1 日,被告支付六个月的利息后,就未还过任何款项。其间,原告多次催促,被告均置之不理,因两被告系夫妻关系,为维护原告合法权益,特向贵院提出诉讼,请求贵院支持原告诉讼请求。

【审判员】被告方答辩意见?

【被告李四】只承担归还本金 55 万元,其余责任不承担。

【被告张五】驳回诉请。

【审判员】原被告什么关系?

【原告代理人】通过中介认识被告李四,张五是李四妻子。

【被告李四】我们通过中介认识的。

【被告张五】我不认识原告。

【审判员】被告基于何种原因向原告借钱?

【原告代理人】不清楚,只是听中介说被告生意亏本急需用钱。

【被告李四】我因为生意亏本,急需用钱,所以通过中介向第三方借钱。

【被告张五】我不清楚,李四为何借钱。

【审判员】原告通过什么方式将钱款支付给被告?

【原告代理人】2018年5月31日,原被告在签订完《借款合同》后,原告母亲以原告名义向被告李四转账55万元。

【审判员】原告为什么不通过自己账户转账?

【原告代理人】因为当时原告资金也不足,所以原告就跟他母亲商量,让他母亲以原告的名义转账。

【审判员】被告收到55万元了吗?

【被告李四】收到。

【审判员】被告还款情况?

【原告代理人】被告李四在2018年7月1日—12月1日共还了49 500元利息之后,就再没有还款。

【审判员】利息具体怎么支付?

【原告代理人】约定次月1日支付上月利息,利率为1.5%/月,本金及剩余利息在借款到期后三个工作日内全部付清。

【审判员】被告,原告所述是否属实?

【被告李四】当时确实只付了六个月的利息,但2018年12月原告来找我支付本金时,我跟原告说资金运转困难,能否再宽容一段时间,原告说那等你有了钱尽快还给我,他也没提到利息的事情。

【审判员】原告还有没有补充?

【原告代理人】不清楚被告是否说过。

【审判员】原告,被告李四和张五什么关系?

【原告代理】夫妻关系。

【被告张五】我跟李四有婚后财产协议的,这笔钱跟我没关系。

【审判员】接下来双方举证和质证。原告围绕你方提出的诉请,依据事实和理由进行举证。在举证时,请向法庭说明证据的名称、来源以及要证明的内容。

【原告代理人】我方提供的第一组证据是《收条》《情况说明》《流水账单》

《付款凭证》,主要是证明我方已经按照合同约定支付给被告李四人民币55万元。

【审判员】被告看下,有什么意见。

【被告李四】无异议。

【被告张五】我不清楚,收据不是我签的。

【审判员】原告继续举证。

【原告代理人】我方提供的第二份证据,是被告李四的还款流水,证明被告李四仅还了6个月的利息。

【被告李四】无异议。

【被告张五】我不清楚,收据不是我签的。

【审判员】原告继续举证。

【原告代理人】我方提供的第三份证据是原被告签订的《借款合同》,其中对原被告的权利义务有明确的约定,原告与被告李四是在2018年5月31日签订的《借款合同》。

【被告李四】对合同条款本身无异议,但是在2018年12月原告来找我支付本金时,我跟原告说资金运转困难,能否再宽容一段时间,原告说那以后再说吧,等我有钱时再还本金即可,我认为这是对合同内容的修改。

【被告张五】我不清楚李四这笔债务。

【审判员】原告继续举证。

【原告代理人】我方提供的第四份证据,是原告的《律师代理合同》以及收据,其中律师的代理费是1万元,这是原告先支付的1万元律师费用收据。

【被告李四】对证据的真实性无异议,但是律师费应该属于违约金的一部分,不应该单独计算。

【被告张五】理由同李四。

【审判员】原告继续举证。

【原告代理】我方举证完毕。

【审判员】被告有什么证据需要补充?

【被告李四】2018 年 12 月原告来找我支付本金时，我跟原告说资金运转困难，能否再宽容一段时间，原告说那以后再说吧，等我有钱时再还本金即可，我认为这是对合同内容的修改。

【审判员】证据呢？

【被告李四】有微信聊天记录。

【审判员】原告意见？

【原告代理人】对这个微信的真实性存在异议；这个叫“小歪歪”的人，无法证明是吴三。原告向被告催款方式，其一，通过短信，其二，通过信函。

【被告张五】我对李四借款一事，根本不知道，我们婚内是分别财产制，这是我和李四之间的协议。

【审判员】原告看下。

【原告代理人】对真实性不予认可，李四在借款时，并未出示过这张协议。你们可以事后临时写一份。

【审判员】法庭调查结束，下面进入法庭辩论环节。

法庭辩论

【审判员】请原告和被告围绕着自己的诉讼请求和答辩意见，各自发表自己的辩论意见。首先请原告发表你方的辩论意见。

【原告代理人】根据刚才举证质证，被告李四向我方借款 55 万元属实，且仅归还了 6 个月的利息，其余利息及本金至今未归还。根据双方签订的《借款合同》约定：李四应该承担逾期违约利息，即从 2019 年 1 月 1 日起实际支付日止的利息，按照月利息 2.5%计算；按照合同约定承担相应的违约金，计 13 750 元；支付相应的律师费 1 万元。因为李四、张五是夫妻，张五承担连带责任。

【审判员】被告发表一下你方的辩论意见。

【被告李四】(1)不存在逾期利息问题。原告在 2018 年 12 月，微信已经同意免除我尚未支付的利息，只需要支付本金。(2)即便有逾期利息，逾期利率过高。根据《最高人民法院关于审理民间借贷案件适用法律若干问题的规定》第二十九条之规定，逾期年利率超过24%的，超过部分不予支持，按照月利率2.5%支付逾期利息，已近超过6%。(3)不能支持违约金。根据《最高人民法院关于审理民间借贷案件适用法律若干问题的规定》第三十条之规定出借人与借款人既约定了逾期利率，又约定了违约金或者其他费用，出借人可以选择主张逾期利息、违约金或者其他费用，也可以一并主张，但总计超过年利率24%的部分，人民法院不予支持。所以，综上，我只偿还55万元本金。

【被告张五】首先我对原告和被告李四之间的债务一无所知；其次，我和李四结婚以来，一直实行的是分别财产制，而且我们之间有协议。

【审判员】被告李四有无补充辩论意见？

【被告李四】原告在2018年12月，与我之间的微信内容，视为对合同的变更。

【审判员】原告意见。

【原告代理人】无法证明"小歪歪"是吴三本人。吴三与被告的联系方式是：(1)通过短信；(2)通过催款函。

【审判员】被告张五有无补充辩论意见？

【被告张五】我与原告有婚后协议。

【原告代理人】按照法律规定，债权人就婚姻关系存续期间夫妻一方以个人名义所负债务主张权利的，应当按夫妻共同债务处理。婚后协议是对内协议，非对外协议，且李四与吴三签订借款合同时，并没有明确表示是个人债，吴三也不知道两被告之间的协定。

【审判员】法庭辩论结束，依据法律规定，双方有最后陈述的权利，原告意见？

【原告代理人】坚持诉请。

【审判员】被告方？

【被告李四】依法判决。

【被告张五】依法判决。

【审判员】根据民诉法相关规定,双方当事人可以自行和解。双方是否愿意调解?

【原告代理】愿意。

【被告李四】愿意。

【被告张五】愿意。

审判员:调解方案?

【原告代理人】待庭审结束后另行商议。

【审判员】是否同意?

【被告李四】同意。

【被告张五】同意。

【审判员】今日庭审至此,请原告和被告阅看相关笔录无误后签字,七个工作日内给出调解方案。

【书记员】全体起立,请审判员退庭。

庭审进校园法治实践教学模式

庭审进校园是以普法教育或法律专业实践教学为目标，选择特定案件为载体，在学校这一特定场所开庭审理、宣判的庭审形式。实践中，“庭审进校园”活动已在个别高校开展，但主要集中在高校法学院的实践教学环节，面向法学专业学生，尚未在大学校园全面开展，与思想政治理论课相结合的“庭审进校园”法治实践教学活动数量也不是很多。2019 年 5 月，上海电子信息职业技术学院与上海市奉贤区人民法院奉城法庭合作，组织开展了一次“庭审进校园”的审判实践活动。此次活动系上海市高职高专院校首次与法院合作，针对非法学专业学生开展的一次思政课法治实践教学，也是上海市奉贤区人民法院首次进入高职高专院校开展“庭审进校园”的创新普法模式。

一、庭审进校园的意义

(一)落实国家相关规定

2016 年 4 月，全国人民代表大会常务委员会颁布的《关于开展第七个五年法治宣传教育的决议》提出，切实把法治教育纳入国民教育体系，坚持从青少年抓起，强化学校、家庭、社会“三位一体”的青少年法治教育格局，加强青少年法治教育实践基地建设，增强青少年的法治观念。法治教育是全民教育体系中的重要环节。法治教育重在实践,法治实践教育被视为落实全面依法治国的重要途径,思想政治理论课承担向大学生普及法律知识,帮助其树立社会主义法治观的重要使命,是全面依法治国进课堂、进头脑的重要举措,而“庭审进校园”活动正是落实这一重要使命的创新之举。

(二)推进阳光司法,提升司法公信力

深入推进以庭审公开、裁判文书公开等司法透明为标志的阳光司法成为落实全面依法治国的重要举措。“正义不仅要实现,而且要以看得见的方式实现。”阳光司法要求司法走出法院、走进群众生活、走向社会。青年学生是全面推进依法治国的中坚力量,青年学生的法治水平关系到国家法治建设的深度和高度。目前,青年学生尚存在法治意识淡薄,法治信仰缺失,法治认识偏颇的问题,例如,片面认为司法充满神秘性,司法不公、司法腐败的现象仍大量存在。“庭审进校园”为面向广大青年学生公开审理案件的庭审活动,庭审活动的场所由学校指定,通过现场观摩审判,实现学生与司法的互动,有益于消除一些青年学生形成的司法神秘性和不公正性认识,实现阳光司法、透明司法,提升司法的公信力。学生切身体会司法公正、司法公平的价值内涵,形成遇事找法,解决问题靠法的法治思维方式。

(三)“庭审进校园”法治实践教学契合了职业教育的规律和改革方向

“庭审进校园”活动融真实法治实践教学和精确普法宣传为一体,具有“政治性”“思想性”与“实践性”特点,契合了我国职业教育的特质和改革方向。

首先,“庭审进校园”活动是面向高职院校大学生的司法实践活动,着眼于大学生的切身司法体验和感受,让青年学生在个案审判中感受司法的公平、公正,增强青年学生对法律的认同感和尊崇感,提升司法的公信力。“正

义不仅要实现，而且要以看得见的方式实现。”①“庭审进校园”活动是贯彻落实全面依法治国进校园、进课堂的具体措施，通过切身参与和感受法治的运行，树立对法治的尊崇和敬畏。

其次，“庭审进校园”活动通过选取劳动争议、侵权纠纷、婚姻家庭、刑事犯罪等方面的案件，再现“公序良俗”“诚实守信”“契约精神”“罪疑从无”“程序正义”的法治原则，揭示法律背后的人文关怀和人文精神，有助于提高高职学生的精神文化素养。

再次，“庭审进校园”活动通过对诸多劳动争议、民事纠纷案件的审理，再现职场中的劳动用工、进修培养、竞业禁止、保密协议等方面的矛盾冲突，揭示法律对职业道德、职业精神的尊崇和维护，帮助高职院校学生树立和提升符合现代企业发展的职业精神和职业道德。

最后，“庭审进校园”活动高度契合高职院校学生思维活跃、动手能力强、勤于思考的特点，通过案件选取沟通、庭审后的答疑解惑以及与审判法官的交流互通，提升高职学生对法律知识和法律运行规律的理解和运行，树立“遇事找法，解决问题靠法”的法治意识。

(四)法治实践教育由“拟态教育”向“真实环境教育”转化

1. 有效弥补高职院校思政课法治实践教学师资力量的不足

当前，“思想道德修养与法律基础”课承担了高职院校集中式法治教育任务。但实践中，囿于教师、学生的非法学专业背景，思政课法治实践教学难以有效全面开展。虽然法治情景剧、法治演讲、法治读后感、法治影片等实践教学手段被广泛应用，但实施的效果不尽如人意，形式意义大于实质意义。高职思政课法治教学目标是培养大学生法治精神，树立社会主义法治观。法律的生命不在于逻辑，而在于经验，法治教育不仅是知识教育，更是实践教育，只有在法治实践中通过切身感受、体验，实践法治的公平、公正理

---

① [英]丹宁勋爵著，杨百揆、刘庸安译:《法律的正当程序》，法律出版社 2015 年版。

念，方可在内心认同法律、尊崇法律，树立法治信仰。

高职院校法治实践教育的实施，首先要求教师具有一定的法治实践经验，但当前高职院校大部分思政课教师不具备法学专业背景，更无法治实践经验可言，导致思政课法治实践教学沦为“纸上谈兵”。“庭审进校园”活动基于主审法官丰富的司法实践经验以及对庭审的合理掌控，能有效弥补高职院校思政课法治实践教学中师资力量的缺乏、文本普法的不足。法官兼具审判员和实践教师双重角色，一方面，通过主导庭审开展，让学生通过庭审切身感受、体验司法的公平、公正等法治理念；另一方面，法官以案释法，就庭审中的具体法律问题、审判方式、审判理念进行分析、解答。

2. 有助于实现高职法治实践教育从“拟态教育”向“真实环境教育”转化

高职院校思政课法治实践教育常采用“模拟法庭”教学模式，但该教学模式有较为明显的缺陷，一方面，模拟法庭比较复杂，综合性较强，实施周期较长；另一方面，模拟法庭本质上是属于“拟态”。所谓“拟态”，是指模拟法庭通过预先设定的案情、证据、庭审程序以及判决，从专业的角度再现案件过程，是一种在预设的环境中对案件的再现。“庭审进校园”是由法院法官亲自审理，将真实的案件搬至学校，该种实践教学从形式上降低了学生实践难度，变自己审理到法院法官审理。学生在整个过程中以第三方身份参与，可以自如地进行角色切换，对法律问题的把控，也可以实现从点到面。此外，高职思政课教学侧重于对社会现实问题予以回应，而法院庭审是真实的审判环境，尽管法官审理前对案件非常熟悉，但是案件仍然存在不确定因素，因此，庭审的过程不仅是解决具体法律问题的过程，也提供了如何回应法律问题的思路，以及实践中对类似法律问题的解决方式。这些均是“拟态教育”无法实现的。这种教育方式是未来高职院校法治实践教学改革的方向，契合了思政教学中的体验式教学。

二、“庭审进校园”的具体实施过程

(一)前期:与法院沟通与合作

“庭审进校园”是一项新型的法治实践活动,学校前期必须与合作法院就案例选取、庭审时间、场地布置等问题进行充分沟通,确保活动的有效开展。

首先,案例的选择。法院案件纷繁芜杂,“庭审进校园”活动要有针对性地取舍。案件选择应具备三个标准:适合学生接受度、适合思政教学效果、有律师参与。换言之,可以选择继承纠纷、劳务合同纠纷、相邻关系纠纷、人身权纠纷、轻微刑事案件、涉及道德与法律相结合的案件。律师是专业法律工作者,律师的参与使庭审具有较强的可视性、可控性和对抗性。通过律师、法官的专业法律术语,法律原则、法律规则更能得到完整展示。实践中,只有当事人参与的案件,或因对诉讼程序不甚了解,或听不懂法言法语,或带地方口音,庭审效果会大打折扣。

其次,确定庭审时间。以学校教学时间为主,兼顾法院安排。“庭审进校园”主要是为配合学校教学时间安排庭审,因此,应符合学校教学规律、教学安排,能够最大限度覆盖受众群体。

最后,庭审场地布置。不同于一般实践教学,“庭审进校园”中许多设备需要法院自带,比如电脑、打印设备、印章、国徽,而学校主要是安排好场地、话筒、桌椅等简单的硬件设备。需要特别强调的是,与一般的法治宣传不同,“庭审进校园”毕竟是真实庭审,因此,所有的庭审纪律要求应与在法院庭审一样,在校园庭审现场应禁止录音录像,所有素材均由法院录制和保留,并征得其同意后方可发布。

(二)中期:庭审与交流

高效、精密的组织是“庭审进校园”活动成功与否的关键。可充分发挥

“互联网+”优势，采用线上报名和线下报名相结合的形式。除了任课老师组织授课班级学生报名外，还可以充分利用多媒体进行宣传，如在校园电子屏宣传，通过易班或者马克思主义学院公众号组织报名参加庭审旁听。旁听切记走过场、看热闹，必须带着问题去听，认真思考，并在庭审结束后，与法官开展交流与互动。

（三）后期：法官析法答疑，学生反思与提高

“庭审进校园”活动除了现场庭审外，还包括学生与法官之间的互动交流，以案释法。法治实践教学的意义在于学生将法律知识内化于外在的行为，这一目标的实现离不开学生切身的法治体验、感受，唯其如此，方可实现内心认同法律、尊崇法律，践行法治。同理，“庭审进校园”活动除现场庭审外，更为重要的在于庭审后的释法答疑阶段。在“庭审进校园”活动中，法官承担审判员和带教老师两种角色。庭审结束后，法官以教师身份就诸如起诉程序、上诉程序等程序问题以及审理案件的实体问题与学生进行良性互动，对学生现场答疑解惑，辨法析理。

在“庭审进校园”活动结束后，思政课教师应持续督导学生就整个庭审过程中涉及的法律问题进行反思与总结，布置学生提交书面的观后感，实现法律的再发现。通过反思与总结，促使学生寻找相关法律规定，阅读相关法律书籍，或者向有关法律专业人士寻求答案，实现学生对审判程序的了解，逐步培养法治精神、法治观念。

三、“庭审进校园”法治实践教育的完善路径

“庭审进校园”作为新型的思政课法治实践教学模式，在非法学专业中尚未全面开展，即便是已开展的高校，亦未将其形成具体化和系统化、可推广、可复制的教学方案，实践中亦存在需要进一步完善提高之处。结合思政课教学规律与教学特点，“庭审进校园”可以从案例选择、交流互动、常态化等方面予以完善。

(一)庭审案例应侧重选择社会主义核心价值观与法治相融合的案件

2016 年 12 月,中共中央办公厅、国务院办公厅联合印发的《关于进一步把社会主义核心价值观融入法治建设的指导意见》提出,把社会主义核心价值观融入法治国家、法治政府、法治社会建设全过程,融入科学立法、严格执法、公正司法、全民守法各环节。可见,将社会主义核心价值观融入法治实践是当前司法及法治教育的重要使命。社会主义核心价值观的元素要实现在思政课教学中入小、入细,走深、走实,势必要贯彻到思政课实践教学的全过程。因此,高校思政课开展“庭审进校园”必须在思政课的教学框架内进行,法院与高校在案例的选取上应坚持“思想性”与“政治性”,实现法律知识教育与思想教育的有效统一,尽量避免将面向法学专业学生的案例简单移植到思政课法治实践教学中。因为法学专业侧重于从法原理、法的概念推理演绎,在案件的取舍上更注重案件的典型性和争议焦点性,如对某一个概念的法律界定,程序的缜密性、完整性,举证和质证技巧及策略等方面认识和深华。但在思政课教学中,应侧重于完整的庭审过程,让学生了解相关的诉讼程序,且在法官说理部分,注重贯彻党的十八届四中全会以来的全面依法治国方略在法治实践中的运用,强调社会主义核心价值观融入司法过程中,司法如何与群众路线对接等问题,在案件选择上更倾向于选取与百姓生活密切相关的案例,而非单纯的法律实践。

(二)强化与社会主义法治观培养相结合的交流互动和专业点评

与其他法治实践教学不同,“庭审进校园”承担了“法院旁听+实时教学”的双重功能,体现的是不同于“拟态教育”的“真实环境教育”,更为强调的是师生互动交流和法律的再发现。“庭审进校园”不单纯是一次法治讲座,其整个过程包括前期案例选择、中期庭审活动、后期互动交流。其中法官与学生的交流互动环节是整个“庭审进校园”的精华,在交流互动中,学生可以采用预设问题的方式提出,由法官解答、释法、说理。当然,法官的析法答疑除从专业角度进行点评分析外，也应结合思政课的教学目标把案件审判要点、司法的风向标等问题说清，尤其是结合当下社会主义核心价值观与法治融合的路径、方式做具体的阐释，比如在案件中如何体现全面依法治国与司法结合，如何体现司法公平、公正。通过强化互动交流真正实现法治教育与思政课教学目标的统一。

（三）“庭审进校园”活动的制度化、常态化

“庭审进校园”活动属于法院实务部门与高校之间就思政课法治实践教育进行的合作。法治实践教学是思政课教学中一项重要内容，为使法治实践教育真正落到实处，免于流于形式，“庭审进校园”活动应坚持制度化、常态化，绝不可“为法治实践而进行法治实践”。首先，合作双方可签署合作协议，将双方合作意愿、合作内容落实到书面文本中，并确立双方的牵头部门和联络人员。学校可以选择合作法院作为法治实践基地，法院也可将合作学校作为普法教育基地，双方联络人员可就“庭审进校园”的开展频率、时间及案例选取进行前期的充分沟通、交流。其次，每次“庭审进校园”活动的流程、案例、交流互动及观后感内容可形成书面材料和电子影像资料，作为思政课法治实践教学的资料库，以备后续查询学习，方便时也可上传至易班教学平台与其他兄弟院校进行共享，形成可复制、可推广的法治实践教学模式。当然，“庭审进校园”应坚持开放性、包容性、多元化。参与对象不局限于本校学生，亦可以包括其他兄弟院校学生，合作的司法实务部门不仅仅是法院，亦可包括检察院等司法机关，最终的目标是打造成一个开放的、多元的、成熟的法治实践教学模式。

以发挥学生主观能动性为导向的法治实践教学

法治教育是“思想道德修养与法律基础”课程的重要组成，占整个课程教学的三分之一。但是囿于教学课时、师资力量等各方面原因，法治理论教学和法治实践教学一直处于整个思政教学的薄弱环节。法律生命在于运用，同样，法治教育亦脱离不了实践教学作为支撑，通过实践教学提升大学生法治素养和法律意识，是法治实践教学的目标。

一、对“庭审进校园”模式和模拟法庭实践教学的评析

(一)“庭审进校园”模式

“庭审进校园”实践教学可以理解为法院旁听的增强版和衍生版。具有以下优势：(1)覆盖面广。法院旁听空间比较小，一般法庭旁听席容纳10～20人，大法庭能容纳百余人，相对于一届学生而言，比例较小；而庭审进校园能够解决普法群体的覆盖面问题。(2)消除学生的紧张感和神秘感。在法庭开庭，学生对场所的不熟悉，加之法院的庄严性，学生会带有紧张感和因对法院陌生而造成的神秘感。而庭审地点在学校，熟悉的环境，主客场的变化，能够消除学生对司法的神秘感和恐惧感。(3)实现精准普法。法官是掌握法律知识的专业群体，通过实时庭审以及庭审后的互动环节，促进学生对诉讼程序、诉讼案件的理解，有助于提升学生对法治的兴趣，进而有利于培

养学生法治素养，实现精准普法。

但"庭审进校园"模式，也有其弊端。(1)一次性普法与长期普法的矛盾。普法教育是一个渐进的过程，司法人员的普法，仅是针对某一个特定的案件，在某一个特定的场合进行的专题式的普法。(2)被动式普法。这里的被动式普法，主要是指学生通过观摩庭审现场对相关法律知识的了解，相对于案件本身，学生是观众，而非当事人、诉讼参与人，在此过程中，对法律的体会也是不同的。

(二)模拟法庭实践教学

模拟法庭实践教学恰恰弥补了"庭审进校园"被动普法的弊端；同时，模拟法庭实践教学对于学生综合法律素养的提升有极大的帮助，可以说模拟法庭是学生综合能力的集中体现。但是在高职高专采用模拟法庭实践教学也有相应的困境：(1)参与学生有限性。一般一位教师在一个学期会指导1～2组模拟法庭教学。那么，参与的学生数量极为有限。能够涉及的就包括法官、检察官、原被告、书记员、证人等，核心人员也就是原被告及其代理人、法官。思想政治理论课实践教学首先是要解决覆盖面问题。(2)模拟法庭难度大。正是由于模拟法庭是对法律综合能力的检验，所以要求极高，且更多强调诉讼程序。而根据2018版的课程教材，对学生的教育着力点更多是法治素养，更强调了法治理念、法治观念和法治意识。所以，学生在做模拟法庭时，更多侧重于"模仿"，模仿程序比较单一，容易走样。

以上两种实践教学各有利弊。如何既能关注到更多的学生群体，又能够使更多的学生群体参与，且在参与过程中获得相应的法律体验，可以尝试以下三种以发挥学生主观能动性为主体的体验式教学，即法治情景剧、法治小报以及法治主题宣传。

二、发挥学生主观能动性为主体的体验式教学

(一)法治情景剧教学

“情景剧”一词,滥觞于美国轻喜剧,其要求室内戏,不用外景。思政课教学中沿用“情景剧”一词,仅仅是借用其字面含义。法治情景剧本即指在课堂这一场所,在课堂教学中加入“课堂”“小品”“学生创造性”等元素,再现案例的“情景性”。

1. 前期:布置任务

布置任务涉及选题、分组和时间。首先是选题,情景剧的准备周期相对较长,需要提前布置。在选择案例时,主要掌握三个维度:(1)合目的性。案例的选择不是无边际的。即选择案件必须是能够完整地说明一个案例的。如,选择《洁洁良事件》,启发学生思考什么是言论自由,言论自由的边界;选择《杀死辱母案》,启迪学生思考什么是正当防卫,以及法律与情理冲突时,法律价值与情理价值选择等。(2)具有实效性。案例最好能够结合党的十八大以来,尤其党的十九大以来的社会问题命题。比如选择《劝烟猝死》案件,启迪学生思考什么是社会主义核心价值观,社会主义核心价值观在法治中的运用,如何理解《民法总则》(《民法典》)中的好人立法。(3)具有可表演性。也就是说案件是适合改编成剧本的,能够具有可视性的。

其次是分组。这个环节,总体原则是学生全覆盖、全参与。一般课堂为中班教学,即60人左右。因此,可以分为5～10人一组,组员间角色分工,即编剧、演员、服装道具(如有)、PPT制作、旁白准备(如有)等,然后各司其职,各尽所能。在分组过程中,教师注意每一次课一个主题,每一个主题展现一组情景剧,这样,课程结束时,可以做到每一位同学均有机会参与。

最后,关于时间。一般情景剧时间不宜太长。可以作为专题课程的一个引言部分或者总结部分出现,所以控制在10～15分钟。

2. 中期:审核、排练与表演

剧本是情景剧的灵魂和核心，虽然有编剧，但编剧的内容是否符合时代性、政治性、新颖性、可表演性等，教师需要指导与审核。完成剧本，接下来为角色扮演与舞台排练阶段。对于大学生而言，很多学生上讲台做5分钟的自我介绍都过于紧张，要自如、流畅地表演一段剧本难度可想而知，如何克服，这需要学生课余反复练习，做到言语流畅精炼、肢体语言准确传递。另外，辅助人员对音响、设备、PPT、旁白等也需要做适当调试，起到画龙点睛之效果。

3. 后期：评价

这是“情景剧”成功与否的关键环节。情景剧不是为了表演而表演，其最终落脚点是思考我们应该培养成什么样的法治思维、形成什么样的法治素养？牢固树立表演为思政课程服务的中心思想。因此，表演结束后，组织学生参与讨论、点评。该阶段的评价包括自我评价和观众评价。在自我评价方面，“情景剧”主创人员的评价与感悟。观众评价，包括以下几个方面：(1)剧中讲述了什么案例？(2)矛盾冲突是什么？(3)存在哪些法律问题？(4)解决该法律问题的途径有哪些？为什么？在这一过程中，就是学生对法律问题最原始的观点。教师再根据学生观点，在理论上分析、论证，最终完成教学目标。

(二)法治小报

法治小报顾名思义，就是在一张A4纸张上，设计以“法治”内容为主题的小报。法治小报是整个法治实践教学中最简单易行、参与面最广、成本最低，能够独立完成的实践教学方式。

1. 确定主题

法治小报设计一般是一对一完成，不是团队作业。但是可以分组进行。比如关于宪法宣传类、校园法治宣传类、消费者保护法宣传类、劳动法宣传类、未成年人保护法宣传类等，学生可以选择一个组别，在这个组别中再选择合适的内容。

2. 制作小报

小报制作素材宜多样性，可以是宣传一部法，比如《民法典》；也可以宣传这部法的具体内容，比如《民法典》中对高空坠物的规定；还可以专门宣传习近平总书记关于全面依法治国的论述。展现的方式可以是绘画，也可以是艺术字或者是其他方式，比如有些学生不擅长绘画、艺术字，可以采用电脑制作。总之，选择学生最适合的形式。

3. 后期评论

小报的评论包含两个方面，一方面，请同学自己评论，制作这份小报的目的、内容以及法律体会；另一方面，也请其他同学做评论，通过小报了解法律知识。有条件的，可以开展小报制作评比，编辑法治小报作品集。

（三）法治主题宣传

开展主题法治活动，即确定一法治宣传主题，进行全校性的宣传，该宣传的特殊性在于学生全程参与，是法治教学的综合展示。

1. 前期：确定主题、组织与分工

以 2019 年法治宣传主题为例，确定“我与宪法”的主题。考虑到宣传的特色与学生的特点相结合，在原有的制作法治小报的基础上，采用制作帆布袋的方式完成。因为帆布袋绘画难度比较大，一般是要求一次性成功，而且要选择擅长绘画的人员进行，所以一般会选择艺术类或者是会展类的班级开展。帆布袋与小报区别还是比较明显的，要求画面内容不宜太多，主题鲜明。

除此之外，还安排了法治宣传册制作、法治宣传栏制作、摄影、场所组织等内容，所有与宣传有关的项目均由学生完成。

2. 中期：宣传

在法治宣传的环节，学生各司其职，尤其要指出的是，前期要求同学制作的“我与宪法”的帆布袋不是给学生本人的，而是在宣传当天发给其他学生的。这是本次宣传的亮点，极大地提升了学生的参与度，每位同学都为了使自己的设计能够最快地被其他同学分享,尽力做好、做完美。当然,宣传主题栏必须主题鲜明,学生结合法治元素、法治要义进行设计,法治宣传册内容是回应学生遇到的问题,宣传册的封面由学生设计,带有本校的特色。另外,还有摄影、录像等由不同的同学参与。

3. 后期:材料整合

参加摄影的同学负责将宣传的内容整合成完整的宣传视频,完成相关的法治宣传报道,总结相关的成果和经验。

三、发挥以学生主观能动性为主体的体验式教学的意义

(一)与高职学生特点相契合

不论是专业课,还是思政课,一味地理论宣讲,必然降低学生抬头率;而缺乏抬头率为支撑的课堂,"入耳、入心、入脑"均为纸上谈兵。一个好的教学模式必定是因材施教。高职学生的显著特点是动手能力强,而理论相对薄弱。因此,采用"法治情景剧""法治小报""特定主题的法治宣传"模式正是契合了高职学生的实践性强的特点,充分调动学生的主动性和实践能力。在完成上述三项活动的过程中,学生会主动阅读资料,了解相关的法律规则,确立学生的积极性和主动性,在这个不断的反复过程中,学生对法律的理解和某一方面的专业知识能力也在不断提高。

(二)强调个体性和团体性相结合

思政教育目标之一即为"合作"教育,通过合作展现学生的协作能力、集体主义意识、助人为乐的精神,而"法治情景剧"和法治主题宣传正是全面展现学生的合作意识。一部好的"法治情景剧",编剧是灵魂,演员是核心,其他的人员,如 PPT 制作、旁白等则是点睛之笔。同样,一次成功的法治主题宣传,法治帆布袋是核心,宣传过程是关键,而宣传的结果则是最后的点睛之笔。通过通力合作,共同完成一项任务,也正诠释思政教育不是就理论而

理论，更重要的是时时刻刻要“知行合一”，这一重要的思政教育目标，也是法治教育的目标。

（三）体现了法治教学的独创性和新颖性相结合

以法治主题宣传为例，以往的法治宣传的主导者是教师、学校，参与者是学生；而在本次活动中主导者是学生，参与者是全校师生，教师只是活动组织者和引导者。通过制作法制宣传袋的形式，体现了法治内容的唯一性，不同于以往的采用特定 Logo 方式宣传法治，即改变了传统法治宣传中的重复性，而这种独特性的取得，只有通过每一位学生个体完成。同时，法治宣传册的封面、宣传栏也体现了学生个体的思想。

参考文献

1. 信春鹰:《中国特色社会主义法律体系及其重大意义》,《法学研究》,2014 年第 6 期。

2. 赵瑞罡、白波:《訾北佳损害商品声誉案》,《人民司法·案例》,2008 年第 8 期。

3. 陆建銮、越公宣、龚宣:《广州一男子因发微博污蔑狼牙山五壮士被拘留》,人民网,2013 年 8 月 31 日。

4.《河北省保定市人民检察院诉霍某侵害凉山烈士名誉权、荣誉权民事公益诉讼案》,最高人民检察院,2020 年 4 月 2 日。

5. 牛犇:《"狼牙山五壮士"名誉权纠纷案》,《人民法院报》,2018 年 12 月 18 日,第 30 版。

6. 陈道英:《我国民事判决中宪法言论自由条款的解释——以 2008—2016 年 103 份民事判决为样本》,《华东政法大学学报》,2017 年第 1 期。

7.《贝儿好(北京)科技有限责任公司与广州盛成网络科技有限公司名誉权纠纷上诉案》,〔2014〕三中民终字第 04050 号,中国裁判文书网。

8.[英]丹宁勋爵著,杨百揆、刘庸安译:《法律的正当程序》,法律出版社 2015 年版。

9. 付之堂、肖武:《普法的逻辑展开——基于 30 年普法活动的反思与展望》,《社会科学战线》,2017 年第 6 期。

10. 梁剑冰、王婧堃:《论法学教育新模式——庭审进校园》,《辽宁师范大学学报》,2016 年第 1 期。

11.[美]奥利弗·温德尔·霍姆斯著,冉浩、姚中秋译:《普通法》,中国政法大学出版社 2006 年版。

12. 崔建远:《我国〈民法总则〉的制度创新及历史意义》,《比较法研究》,2017 年第 3 期。

13. 王利明:《民法总论研究》,中国人民大学出版社 2012 年版。

14. 梁慧星:《市场经济与公序良俗原则》,《民商法论丛》第 1 卷,法律出版社 1994 年版。

15. 吴兆祥、陈龙业:《民法总则基本原则的解读》,《民事审判指导与参考》,2017 年第 1 辑。

16.《习近平法治思想脉络:从"法治浙江"到"法治中国"》,人民网,2015 年 4 月 13 日。

17.《做习近平新时代中国特色社会主义思想的忠诚信奉者和坚定实践者》,人民网,2018 年 7 月 5 日。

18.《十八大以来重要文献选编》(上),中央文献出版社 2014 年版。

19. 苏荣:《谈谈法治信仰培育中的两个责任》,《青海日报》,2016 年 12 月 5 日。

20. 王晓光:《培育人们的法律信仰》,人民网,2017 年 1 月 16 日。

21. 龙卫球:《准确把握"禁止违反法律和公序良俗"原则》,正义网—《检察日报》,2017 年 3 月 28 日。

22. 王洪平:《论"国家政策"之法源地位的民法典选择》,《烟台大学学报》(哲学社会科学版),2016 年第 4 期。

23. 申卫星:《民法基本原则:民法的"精神脊梁"》,《光明日报》,2017 年 5 月 2 日。

24. 张学英诉蒋伦芳遗赠纠纷案〔2001〕纳溪民初字第 561 号,北大法宝。

25. 王立峰、潘博:《"法不责众"的博弈心理与法治对策》,《国家检察官学院学报》,2016 年第 3 期。

26.《甘肃榆中聚众哄抢橘子案 34 名村民受到拘留等处理》,新华网,2014 年 1 月 11 日。

27. 克蓝:《"法不责众"的思考》,人民网,2013 年 10 月 18 日。

28. 张维林 LANDING 律师的博客,2020 年 4 月 30 日上网,http://blog.sina.com.cn/s/blog_5d0ecb0b0102v3no.html。

29. 王剑:《广西柳州一男子散布谣言称吃西瓜会感染病毒致死,被行拘 5 日》,澎湃新闻,2018 年 5 月 26 日。

30. 李林:《中国特色社会主义法律体系形成的法治意义》,人民网—《人民日报》,2011 年 2 月 21 日。

31. 李林:《中国特色社会主义法律体系形成的重大意义》,《学习时报》,2010 年 8 月 28 日。

32.《专家解读中国特色社会主义法律体系》,中国网,2011 年 3 月 3 日。

33. 颜茂昆:《社会主义核心价值观入宪的意义》,《人民法院报》,2018 年 3 月 16 日。

34. 胡业勋:《解读宪法修正案之十四:社会主义核心价值观写入宪法,更好构筑中国精神》,《中国纪检监察报》,2018 年 4 月。

35. 徐隽、方敏:《社会主义核心价值观贯穿民法总则草案》,《人民日报》,2017 年 3 月 10 日。

36. 李康宁:《以社会主义核心价值观塑造民法典灵魂》,《光明日报》,2018 年 9 月 28 日。

37. 汤维建:《把握社会主义核心价值观的法治维度》,《检察日报》,2016 年 3 月 31 日。

38. 马怀德:《坚持和完善中国特色社会主义法治体系》,央广网,2019 年 11 月 22 日。

39. 袁曙宏:《坚持和完善中国特色社会主义法治体系》,《光明日报》,2019 年 12 月 10 日。

40.《论深入学习贯彻党的十九届四中全会精神:坚持和完善中国特色社会主义法治体系》,《法制日报》,2019 年 11 月 11 日。

41. 周继业:《从三方面推进以审判为中心的诉讼制度改革》,《人民法院报》,2015 年 9 月 29 日。

42. 程慎生:《推进以审判为中心的诉讼制度改革》,人民网—《人民日报》,2015 年 1 月 8 日。

43. 沈德咏:《深入推进以审判为中心的诉讼制度改革》,《求是》,2017 年 2 月 28 日。

44. 万玲红:《"以审判为中心"诉讼制度改革的检视和应对》,正义网,2018 年 11 月 30 日。

45. 胡铭:《以审判为中心的刑事诉讼制度改革成效与完善》,中国法学会,2017 年 8 月 22 日。

46. 朱子默:《推进以审判为中心的诉讼制度改革落地见效》,中国网,2018 年 3 月 10 日。

47.《充分展示以审判为中心的刑事诉讼制度改革成果——最高人民法院有关负责人就顾雏军等再审一案答记者问》,法制网—《法制日报》,2019 年 4 月 11 日。

48. 张志铭:《对"同案同判"的法理分析》,搜狐网,2019 年 4 月 9 日。

49. 赵文艳、裴跃:《同案同判的正当性及其实现——兼及量刑规范化与合目的性冲突的解决》,天津法院网,2010 年 12 月 22 日。

50.《最高法:要在民商事审判中统一裁判尺度》,新华网,2019 年 7 月 3 日。

51. 杨建顺:《张先著诉芜湖市人事局取消公务员录取资格案》,《中国法律评论》,2019 年第 2 期。

52. 刘少华:《依法治国基本格局里的"四大方面"》,人民网,2014 年 11 月 2 日。

53. 秦佩华:《民商法——最大限度保障私权利》,人民网,2011 年 2 月 9 日。

54. 廖文根:《经济法——为经济发展保驾护航》,人民网,2011 年 2 月 9 日。

55. 王比学:《刑法——从全面修订到七次修正》,人民网,2011 年 2 月 9 日。

56. 裴智勇:《行政法——助推法治政府建设》,人民网,2011 年 2 月 9 日。

57. 黄庆畅:《程序法——衡量法治程度的重要标尺》,人民网,2011 年 2 月 9 日。

58. 宋伟:《社会法——关注弱势保障民生》,人民网,2011 年 2 月 9 日。

59. 舒锐:《十年前彭宇案的真相是什么?》,中国法院网,2017 年 6 月 14 日。

60.《南京市政法委书记谈:不应被误读的"彭宇案"》,《瞭望新闻周刊》,2012 年 1 月 17 日。

61. 杨光:《怎样"使社会主义法治成为良法善治"? 简而言之》,《北京日报》,2018 年 9 月 22 日。

62. 任成昊:《良法善治,弘扬良知》,中国法院网,2020 年 1 月 6 日。

63. 王利明:《法治:良法与善治》,《中国人民大学学报》,2015 年第 2 期。

64.《汤维建委员接受本端专访,深度解读民法典》,北京日报客户端,2020 年 5 月 24 日。

65. 黄岗:《公平责任原则的问题探讨》,中国法院网,2014 年 5 月 3 日。

66.《中共中央关于全面推进依法治国若干重大问题的决定》,中央政府门户网站,2014 年 10 月 28 日。

67. 李桂林:《论良法的标准》,《法学评论》,2000 年第 2 期。

68.《保护弱势群体、强化业主权利……民法典物权编这样回应社会热点难题》,澎湃新闻,2020 年 5 月 28 日。

69.《民法典聚焦|明晰责任认定 "头顶上的安全"更有保障》,《新京报》,2020 年 5 月 28 日。

70. 李林:《中国特色社会主义法律体系形成的重大意义》,《学习时报》,2010 年 8 月 28 日。

71. 本书编写组:《党的十八届三中全会〈决定〉辅导百问》,党建读物出版社,2013 年 11 月。

72. 莫纪宏:《从法律体系到法治体系》,中国网,2014 年 10 月 24 日。

73. 张钧:《党的十八届四中全会的重大理论创新》,《山西日报》,2015 年 2 月 10 日。

74. 王建国:《法治体系是对法律体系的承继和发展》,《法学》,2015 年第 9 期。

75. 最高法研究室负责人解读《关于在司法解释中全面贯彻社会主义核心价值观的工作规划(2018—2023)》,最高人民法院,2018 年 9 月 18 日。

76. 肖培:《强化对权力运行的制约和监督》,2019 年 12 月 16 日。

77. 翁鸣江:《中西法治都讲"权利本位",究竟有何不同?——刍议社会主义的法治》,《观察者》,2020 年 5 月 21 日。

78. 张文显:《从义务本位到权利本位是法的发展规律》,《社会科学战线》,1990 年第 3 期。

79. 徐邦友:《中国特色社会主义法治道路:历史、逻辑和特色》,《观察与思考》,2018 年第 10 期。

80. 强世功:《中国法治道路与法治模式——全球视野与中国经验》,《行政管理与改革》,2019 年第 8 期。

81. 刘旺洪:《中国特色社会主义法治道路:历史进程、概念内涵和基本要求》,《学海》,2015 年第 3 期。

82. 华佳:《非法证据排除规则的适用》,《人民法院报》,2015 年 11 月 11 日。

83. 陈瑞华:《新非法证据排除规则的八大亮点》,中国法院网,2017 年 6 月 27 日。

84. 胡兴建:《"案一件比":实现程序正义与实体正义有机统一》,最高人民检察院,2020 年 6 月 7 日。

85. 房立俊:《"于欢案"舆论背后的社会心态及媒体引导研究》,人民网研究院,2018 年 2 月 5 日。

86. 孟含琪:《吉林辽源警方:处理聚众械斗案后侦破"制贩枪案中案"》,2019 年 12 月 14 日。

87.《新华社:陕西省国土厅目无国法应彻底查处》,新华网,2010 年 7 月 23 日。

88.《刑事案件律师辩护全覆盖试点是创新之举》,《法制日报》,2017 年 10 月 12 日。

89. 解梅:《立案登记:司法便民落到实处》,《学习时报》,2017 年 9 月 18 日。

90. 吴钟杰:《结合执行工作实际探讨审执分离体制改革的重点问题》,中国法院网,2016 年 4 月 13 日。

91.《“三改一拆”妨碍宗教信仰自由吗?》,《浙江日报》第一版,2014 年 6 月 30 日。

92. 殷啸虎:《法律与宗教规范关系的冲突与协调》,《东方法学》,2016 年 8 月 30 日。

93. 周悦丽:《民法典:社会主义核心价值观的立法表达》,《光明日报》,2020 年 6 月 6 日。

94. 龙卫球:《中国民法典的有为和有所不为》,《中国法律评论》,2020 年第 2 期。

95. 王立民:《中国法制史》,上海人民出版社、北京大学出版社,2007 年版。

96. 张文显:《中国法治 40 年:历程、轨迹和经验》,《吉林大学社会科学学报》,2018 年第 5 期。

97.《中共中央关于坚持和完善中国特色社会主义制度推进国家治理体系和治理能力现代化若干重大问题的决定》,新华社,2019 年 11 月 5 日。

98.《法院可对规章以下政府“红头文件”附带审查》,新华网,2013 年 12 月 23 日。

99. 吴邦国:《中国特色社会主义法律体系已经形成》,新华网/中国政府网,2011 年 3 月 10 日。

100. 侯正峰:《浅谈人民法院执行权与审判权分离》,内蒙古呼伦贝尔市海拉尔区人民法院网,2017 年 11 月 29 日。

101.《内蒙古农民王力军无证收购玉米案》(王力军非法经营案),最高人民法院新闻局,2018 年 1 月 3 日。